大好きな人が
ずっと一緒にいたい
と思う
女《あなた》になれる。

褒め言葉の魔法

The principal of relationships

脳科学者・溺愛コンサルタント
瀬里沢マリ
Mari Serizawa

SB Creative

Prologue はじめに

２０１３年４月、私は単身アメリカにやって来ました。ニューヨークにある脳科学研究所で、研究者として働くためです。持っているのは、日本で取得した博士号だけ。

異国の地で、少しでも早く研究成果を出すためには、周りの人の協力が不可欠です。そこで、「マリはいいやつだから、親切にしてあげよう」と好感を持ってもらえるよう努力することにしました。というのは、生き馬の目を抜くニューヨークの研究所では、必ずしも先輩が後輩に教える文化があるわけではなく、人として好かれないと仕事や実験技術を教えてもらったり、親切にしてもらうことが難しいと実感していたからです。

自分の持ちうるコミュニケーション能力を駆使した結果、短期間で、一緒に実験をするチームメイトや上司、その他スタッフのみんなと良好な関係を築くことができました。そして、困ったことがあれば助けてもらったり、頼ったりしながら仕事の成果も出すことができました。

なぜ、そんなことができたのか？
それは、私がある褒め方を身につけていたからです。

そのある褒め方というのが、私が日本にいた時から実践していた「溺愛される褒め方」です。
「溺愛される褒め方」は、男性に好かれるためにはどんなコミュニケーションをとればよいのか、研究者気質の私がデータを集めて分析し、独自に編み出した褒め方です。

この褒め方をすると、男性の目が輝き、テンションが上がり、必ず次の

デートに誘われます。そして、何度でも、あなたに会いたくなり、あなたのためになんでもしてあげたくなります。男性に好意を持ってもらい、その後もずーっと溺愛され続けるのに、とても有効な褒め方が「溺愛される褒め方」です。

媚びず、尽くさず、頑張らず、言葉をちょっと変えるだけで彼はあなたの虜《とりこ》になるのです。

そして、実は、男性だけではなく、女性でも、友達でも、会社の人でも、どんな人にも効果があります。

なぜなら、この褒め方は、「私はあなたのよいところに気づいています。あなたのことを理解しています」と伝えることができるからです。誰でもそうやって、自分のよいところを理解してもらえたら、自然とその相手に好感を抱くものなのです。「溺愛される褒め方」は、信頼関係を築く方法でもあるのです。

異国の地で、なんの後ろ盾もない状況で、信頼関係を築いたたった一つの武器、「溺愛される褒め方」。その具体的な方法を本書ではお話ししていきたいと思います。

瀬里沢マリ

Contents

Chapter 1

「褒める」ってどういうこと?

褒め上手な女性は、選ばれて愛される

Chapter 2

「溺愛される褒め方」実践編

大切なのは、褒められたいツボを探すこと

Chapter 3

男性を育てる褒め言葉の魔法

言葉のキャッチボールで、よい関係を築く

Chapter 4

つまずきがちなポイント　乗り越えるコツ

男性心理を理解して、一生溺愛され続ける

Chapter 1

「褒める」って どういうこと？

＊＊＊

褒め上手な女性は、選ばれて愛される

Lesson 1

「溺愛される褒め方」

多くの人は、「人を褒めた方がいい」「誰でも、褒められたら嬉しい」ということは、知っていると思います。しかし、「どのように褒めるのか」という具体的な褒め方の方法論については、知らない人が多いのではないでしょうか？

私がニューヨークの研究所で「溺愛される褒め方」を活用することができたのは、「どのように褒めるのか」を知っていたからにほかなりません。具体的な褒め方について、どこかで学んだわけではありません。なぜ知っていたかというと、自分自身で、褒め方の正解とはなんなのかを研究してきたからです。

私は昔、「恋愛武者修行」として、恋愛や男性心理を研究していました。その時に、**絶世の美女ではないけれどもモテる女性の共通点は、褒め上手なことだと気づきました。**

よく恋愛本などには「すごいと言うだけで男性は喜ぶ」と書いてありますが、ただすごいと言うだけで喜ぶ男性もいれば、冷めた反応をする男性もいました。**褒め上手な女性は、ただすごいと言うのではなくて、気の利いた褒め方をするのです。**

ただし、その褒め上手な女性たちに、どうやって褒めているのかを聞いても、本人は無意識だったり、経験値から発言していて、明確にこういう基準で褒めている、ということは教えてもらえませんでした。けれども、明らかにそこには方法論があると感じた私は、褒め方の研究を行うことにしました。

褒め方を研究するために、褒め上手な女性の会話を書き留め、どんなふうに褒めているのかを分析しました。そこから、このような基準で褒めているのではないかという仮説を立て、その仮説をもとに150人以上の男性にさまざまな褒め方をして、その反応をデータ化しました。

どういう基準で褒めたら、男性の反応がよいのかを自分なりに一つ一つ分析した結果、編み出した褒め方が「溺愛される褒め方」です。

ちょっとしたコツがいるのですが、この褒め方をすると、明らかに男性の反応がよくなり、必ず次のデートに誘われるのです。男性の年齢、職業、性格によらず、どんな男性にも効果的です。初対面で男性に好意を持ってもらうのに、とても有効な褒め方なのです。

溺愛コンサルタントとして、1500人以上のクライアントさんに溺愛されるコミュニケーションをお教えする中でも、この「溺愛される褒め方」は非常に効果が高く、どんな女性が実践しても、一定の成果をあげています。特に、これまで褒めることに抵抗があった、という女性ほど、この褒め方をすると、明らかに男性の反応が変わることを実感してくれます。

♥「いつも、『すごいね〜』とワンパターンな褒め方になりがちだったので、どこを褒めればよいかというポイントを教えてもらえて、褒めやすくなりました」

♥「今まで恥ずかしくて、相手のことを褒めるということをしてこなかったのですが、素直な言葉で褒めるようにしたら、彼も自信をつけてくれるようになりました」

♥「ちょっとしたポイントに気をつけて褒めるだけで、こんなに男性の態度が変わるなんてと驚きました。婚活パーティーで全員にカードをもらったのは初めてです」

♥「恋人の心のダーツボードのど真ん中に、褒め言葉が刺さっている手ごたえを感じました」

こんなふうに誰もが効果を実感できる「溺愛される褒め方」。コツさえつかめば誰でも使えるようになりますので、本書でぜひその方法を身につけてくださいね。

まずは、褒めることの基本を学んでいきましょう。

Lesson 2

「褒める」とは媚《こ》びることではない

皆さんにとって、「褒める」とはどういうことでしょうか？ どんな印象を持っていますか？

「褒めるって媚びるってことでしょ？」と思っている方はいませんか？

それは、違います。

褒めることは、口先だけでお世辞を言って媚びることではありません。そんな単純なことではないのです。褒める＝媚びる、と思っていると、「媚びていると思われたくないから褒めたくない」という変なブレーキがかかってしまいます。

男性を褒めることに強い抵抗を示す女性がいますが、そういう女性の多くには、このような間違った思い込みがあります。

まずはその認識を改める必要があります。「褒める＝媚びる」と思っている方は、まずはその図式を消してくださいね。

Point

褒める≠媚びる

Lesson 3

なんでも「すごーい」と言って許されるのは二十歳まで

男性を褒める時に、何に対しても「すごーい」と言う女性、いますよね？モテるテクニックとして、すごいと褒めた方がいい、と聞いたことがあるからでしょうか。

若い子だったら、それでかわいいかもしれません。若い女性にすごーいと言われるだけで嬉しいという男性はたくさんいます。

でも、なんでも「すごーい」と言って許されるのは、二十歳までです！

アラサー過ぎの女性がなんでもかんでもすごーいと言っていると、「この子賢くないな……」と思われてしまうので、やめておきましょう。

何も知らない女性の方がかわいいと思って、知っていることも知らないふりをして「よくわかんないけど、すご〜い」と言う女性がいますが、そのやり方はおすすめしません。逆効果です。

本命女性として溺愛されるためには、賢くないと思われていいことは、一つもありません。賢い女性が素直に褒めるからこそ、魅力的なのです。

褒めるとは、なんでもすご〜いと言うことではありませんので、間違った褒め方をしている方は、今すぐやめてくださいね。

Lesson 4

褒めるとは、あなたのことを理解していると伝えること

では、褒めるとは、どういうことでしょうか？

褒めるとは、「あなたのことを理解していますよ」と伝えることです。

褒めるとは、ただ表面的にすごいと連呼することではなくて、相手のよいところを理解したうえで、そのよいところを認める発言をするのです。

褒めることのゴールは、相手に「この子だけは、俺のことを理解してくれている！」と思ってもらうことです。それを上手にできるようになれば、相手の信頼を得ることができます。

単にデートするだけだったら、外見が好みだとか、趣味が合う、というだけでも、男性は「一緒にいて楽しいな」と思ってくれるでしょう。ですが、強固なパートナーシップを維持していくためには、お互いに信頼関係が必要です。そういう信頼関係はどういう時に築かれるかというと、「自分のことを本当に理解してくれているな」と気づいた時です。その時に、相手を深く信頼するのです。

男性は褒められることを通して「俺のことをわかってくれている」と思うと、その女性を信頼し、ますます大事にするのです。

女性の皆さんもそうですよね？　会話や行動を通して、相手が自分のことを理解してくれているなと思うと、その人に対して信頼の気持ちを抱くし、大切にしたいなと思います。誰でも自分のよいところをわかって認めてくれる相手には、安心して心を開くことができるからです。

これは恋人関係だけではなくて、友人関係でもそうです。友達が何げない自分の行動に気づいて褒めてくれたら、嬉しくなりませんか？

例えば、バーベキューで人が見ていないところであなたが片づけをしていた時に、「そうやってさっと片づけるところ、本当に気が利くよね」と声をかけてくれたら、その友達のことを大好きになりませんか？

これは職場でも同じです。例えば、上司が他の人は気づいていないあなたの仕事ぶりを実はよく見ていてくれて、それを褒めてくれたら、「そんなところを見てくれていたんだ!?」と感動しませんか？　その時、上司を信頼する気持ちが生まれますよね。

私がニューヨークの研究所で周りの人たちの信頼を勝ち取ったのも、まさにこの方法です。

例えば、みんなが使う実験機器のちょっとしたメンテナンスを同僚がしてくれたことに気がついたら、そこを褒めるのです。

「メンテナンスしてくれたの？　ありがとう！　そうやって実験準備の段階から隅々まで気を配っているところ、本当に尊敬する。だからあなたの実験データってきれいなのね」

例えば、インターン生が進んで実験後の片づけをしていることに気づいたら、そこを褒めるのです。

「片づけしてくれたんだね、ありがとう！　そうやって整理整頓できる子は、実験も上手なのよ」


このように、人は自分のことをよく見ていてくれているなと思うと、相手を信頼する気持ちが生まれます。つまり、誰かと仲良くなりたい、信頼されたい、と思ったら、相手に「自分のことをわかってくれている」という気持ちになってもらえるような行動をすればいいのです。そのために有効なのが

「溺愛される褒め方」なのです。
「溺愛される褒め方」を通して、相手に自然に「俺のことをわかってくれているる」と思ってもらいましょう。

Point

褒める＝「俺のことをわかってくれている」と思わせること

Lesson 5

必要なのは、相手の内面を具体的な言葉にして表現すること

では、「俺のことをわかってくれている」と思ってもらう褒め方とは、どういう褒め方でしょうか?

逆の場合を考えてみると、わかりやすいかもしれません。

例えば、会社名や学歴を褒められて、「俺のことをわかってくれている」と思いますか? おそらく思わないですよね。

もしも、「東大卒なんてすごいですね」と言われても、「まぁ東大卒だけど、それが何か?」という感じです。

プロフィールに書いてあるような、こういう表面的なことを褒めても、俺のことをわかってくれている、とは思いません。

他人からよく言われること、もそうですね。例えば、すごく背が高い男性に「背高いですね」と褒めても、「よく言われるんだよね」と受け取られて、特に印象に残らないですよね。

このように、表面的なことや、よく言われることを褒めても、「俺のことをわかってくれている」とは思いません。

では、「俺のことをわかってくれている」と思うこととは、どんなことでしょうか？

それは、表面的ではないこと、つまり相手の内面です。

外からはわからない相手の内面、言われ慣れていないことを褒めるのです。**例えば、彼の性格や考え方や行動で、他の女性が気づかない、または気**

づいても言葉に出さないよいところを言葉にして褒めると、「俺のことをわかってくれている」と思います。

特にそこが彼にとって、内心自分でも自信を持っている部分ならば、誇らしい気持ちになります。よくぞ気づいてくれた、と思うでしょう。

そうやって「俺のことをわかってくれている」と思ったら、たいていの男性はちょっとした好意を持ってくれます。

何度か会っている相手なら、前回会った時と比べて、その変化や成長を褒めるのもいいですね。特に、久しぶりに会う男性に「変化」「成長」を褒めるとめちゃくちゃ喜んでくれます。

例えば、同窓会で久しぶりに会った同級生に対して、何か変化に気づいたら、ぜひそれを言葉にして褒めてください。

「○○君、びしっとスーツを着て、大人の男って感じだね。前はさわやかな好青年って感じだったのに、すっかり威厳が出てるっ！」と言われたら、

「俺のこと、そんなふうに見てくれてたんだ」と意外に思って、好意を持ってくれたりします。

褒める時の基本は、俺のことを理解していると思ってもらうこと。そのために、「内面」「人から言われ慣れていないこと」「変化」に気づいて、それを具体的に褒めるようにしましょう。

Point

《褒めるポイント》
・内面
・人から言われ慣れていないこと
・変化（成長）

Lesson 6

褒める時の鉄則は「具体的に」

褒める時は、「何をどうすごいと思ったのか」「どこがかっこいいと思ったのか」について具体的に褒めましょう。具体的に褒めれば褒めるほど、相手は心から褒められているように感じます。

逆にただ「すごーい」と漠然と褒めるだけだと、全然気持ちが伝わりません。褒め方がしらじらしい人のほとんどは、ただ「すごーい」と言っているだけだから、口先だけで言っているように聞こえるのです。

なので、褒める時は具体的に、「何をどうすごいと思ったのか」を自分の言葉で伝えるようにしましょう。ただひと言で褒めるよりも、「○○なところがすごいね」「〇〇できるなんてかっこいいね」と具体的に相手が話した内容から指摘するといいです。そうすれば、ただ「すごい」と言われるよりも、きちんと話を聞いてくれたうえで俺のことを理解してくれた、と思えるのです。

例えば、彼が仕事で大きな決断をした時に、ただ「すごいね〜」と言うだけだと、聞いているんだか聞いていないんだかわからないですよね？ 全然理解している感じがしません。

「決断力あってすごいね〜」だと、少しは聞いている感じがするかもしれませんが、まだ気持ちが伝わりにくいです。

でも、「〇〇したなんて、決断力あるね。すごいね」と具体的に褒めたら、話を理解してくれたのが伝わるし、俺のことをわかってくれている、と思えますよね。

このように、褒める時は「具体例＋すごい」という形で褒めましょう。

この型を意識すると、会話の中で褒めるポイントを探しやすいです。

ただし、表面的な無難な会話をしていてもわからないので、自分で褒めるポイントを積極的に探しに行ってください。この会話の仕方については、次のチャプター2で詳しく説明していきます。

Point

《「溺愛される褒め方」の型》

・「具体例＋すごい」

Lesson 7

「溺愛される褒め方」ワーク

ここまでをまとめると、「溺愛される褒め方」とは、「俺のことをわかってくれている」と思ってもらうこと。そのためには、相手の内面や言われ慣れていないことを「具体例＋すごい」という形で褒めること、でした。

これらを上手に褒められると、俺のことを見てくれているな、俺のことをわかってくれているな、と思ってくれます。

実際、このように褒めるためには、ちゃんと相手に興味を持たないとできないですよね。内面、例えば彼の性格や考え方を褒めようと思ったら、彼と会話をしながら、よいところを探そうと思わないと見つけられません。さらに、そうやってよいところを見つけるのは、慣れないうちは難しいかもしれません。そこで、ここで簡単なワークを通して、「溺愛される褒め方」の練習をしてみましょう。

次の文章を読んで、男性のどの部分を褒めたらいいか、一緒に考えてみましょう。友人が開いてくれた飲み会で出会ったAさんと会話をしているところを想像してくださいね。

♠「はじめまして、○○自動車で働いているAです。車体デザインの開発をしています。あ、いや、デザインって言っても、おしゃれさを追求するとかそういう部署ではなくて、車体の空気抵抗を少なくする研究です。今日のメンバーとは、大学の同期です。はい、東大です。こいつらは都内の中高一貫校出身のエリートだけど、俺は九州のど田舎から出てきた田舎者です（笑）」

ワーク1：右の文章の中で、すごいと思ったポイントをすべて書き出してみましょう。
ワーク2：ワーク1の中で、男性の内面、人から言われ慣れていなそうなこと、変化に関することを丸で囲ってみましょう。
ワーク3：ワーク2で見つけた褒めるポイントを「具体例＋すごい」という形で、褒める台詞《せりふ》を考えてみましょう。

▼解答例
ワーク1：〇〇自動車に勤めている、車体デザインの開発をしている、車体の空気抵抗を少なくする研究をしている、東大出身、九州のど田舎から出てきた
ワーク2：車体デザインの開発をしている、九州の田舎から出てきて東大に入った
ワーク3：「車体デザインのお仕事って初めて聞きましたけれど、Aさんの

説明がわかりやすくて、イメージできました。車の型ってもう完成形があるのかと思ってましたけれど、日々新しい技術を研究されていて、すごいですね」

「九州のどちらのご出身なんですか？　私も地方出身なので、上京しただけでもドキドキだったのに、東大に入ったなんてすごいですね。ご両親も喜ばれたのではないですか？」

解答例はあくまで一例ですので、参考程度にしてくださいね。ご自身の視点で考えたことを素直に褒めれば、それがあなたにとっての正解です。

「溺愛される褒め方」は、相手を尊敬する気持ちを自分の言葉で素直に具体的に言うからこそ、想いが伝わるのです。

Lesson 8

男性から褒められたら、素直に受け取ること

あなたは男性から褒められた時に、素直に「ありがとう」と受け取ることができますか？

どうせ社交辞令なんだろうとか、どうせ誰にでも言ってとか、思ってしまったことはありませんか？

そんな女性は、男性が褒めてくれた時に、かたくなに謙遜したり、強く否定してしまいます。謙遜しないと図々しいと思われるんじゃないか、お世辞で言ってくれているのに真に受けちゃったら恥ずかしい、と頭の中でいろいろ考えて、否定してしまうのです。

ですが、せっかく男性がいいなと思って褒めてくれたのに、そういう態度をとってしまうと、その男性はどうしたらいいかわからなくなってしまいます。その後、いいと思うところがあっても、また受け取ってもらえないと困るので、褒めることができなくなってしまうのです。

このように、せっかく褒めてくれたのにあなたが素直に受け取らないことで、その男性は、あなたを褒めなくなります。

それだけではなく、「全然そんなことないんです！」と強く否定されたりすると、男性はもう褒めたくないなという気持ちになってしまいます。今後、あなただけではなく、他の女性も褒めなくなってしまうかもしれません。

つまり、あなたが褒められた時に受け取らないことで、褒めない男性が生まれてしまうのです。日本全体を考えたらすごい損失だと思いませんか？

そもそも日本の男性ってそんなに褒めないので、せっかく褒める気があった希少な男性が、あなたが素直に受け取らないことで、そのうち周りの女性を褒めることをやめてしまうんですよ。それって、日本にとって褒め言葉の総量が減ってしまう由々《ゆゆ》しき事態なのです。

なので、褒められた時に自分がどう思うかではなくて、相手の男性が褒め言葉を受け取ってもらえなかったらどう思うか、を考えてください。それで、せっかく褒めてくれたのにそういう態度をとってしまって悪かったなと思うのならば、今からでも遅くないので、対応を変えましょう。

自分が褒められた時に、否定したり謙遜するのではなく、ただ「ありがとうございます」と受け取りましょう。そうやって「ありがとう」と言うだけで、男性からいただいた好意をお返しすることになるのです。

Lesson 9

受け取り上手になるワーク

褒められた時の反応はたった1つ。

「ありがとう（にこっ）」と笑顔で受け取りましょう。

否定したり謙遜するのではなくて、ありがとうと受け取るだけです。「褒められたから、こちらも何か褒めなきゃ」とかいろいろ考える必要はありません。ありがとうと言われるだけで、褒めた男性は嬉しい気持ちになるのです。お返しは笑顔だけで十分なのです。まずはそうやって「ありがとう（にこっ）」と笑顔で反応する練習をしていきましょう。

もしも、「そうはいっても、褒められた時にすぐに『ありがとう』と言うのは照れくさいし、難しい」という方は、あらかじめ返す言葉を決めておくと受け取りやすいかもしれません。

あるクライアントさんは、昔は褒められた時に素直に受け取れなかったけれども、褒められた時にちょっと冗談っぽく「恥ずかしい〜」とか「照れます」というように、自分がやりやすい反応をあらかじめ決めておいて、実際に褒められた時に言ってみたら、自然に受け取れるようになったそうです。

照れ屋な女性はこんなふうに照れることを前提で考えてみたら、抵抗なく受け取れるようになるのではないでしょうか。

万が一、周りに褒めてくれる人がいない、という場合は、自ら褒め言葉を強要してみましょう。

「付き合っている彼が口下手なんです」「あんまり褒めてくれないんです」という方は、言ってくれるのをただじっと待っているだけではなく、こちらから「褒めてほしい」としっかり伝えるのです。

例えば、新しい洋服を着た時に「見てー、かわいいでしょ?」と言って褒めてもらいます。もしも褒めてくれなかったら、遠慮なく「かわいい言ってよ~」かわいいと言ってくれるまで「かわいいでしょ」と言い続けたら、「褒め言葉を強要しましょう。何度も繰り返すうちに、彼の方もかわいいと言うことに照れや抵抗がなくなって、すぐに「かわいい」と言ってくれるようになるでしょう。

褒められるたびにしっかりと受け止めることで、褒めた方も気持ちよくなり、また褒めたくなるので、他の人も褒めようという気持ちになって、褒めることができる男性に成長することができるはずです。

「私はかわいいと言われたい」と伝えるためにも、彼にもかわいいと言うことに慣れて褒めることができる男になってもらうためにも、かわいいの強要をぜひ試してみてくださいね。

また、そうやって自分からかわいいを強要できるようになれば、他の人に褒められた時も受け取れるようになるはずです。

受け取り上手になったら、あなたも褒められて嬉しいし、褒めた方も喜んでくれて嬉しいな、という気持ちになれます。双方にとってハッピーな状態です。そうやって、まずは自分が受け取り上手になることです。

自分が受け取れない状態だと、いくら相手を褒めようとしても上手に褒められません。わざとらしくなってしまったり、わざとらしくないかなと過度に気にしてしまったり……。

まずは「褒めること」「褒められること」に対する抵抗をなくしてから相手を褒める方が、心の抵抗なく褒められるようになるはずです。ぜひ受け取り上手になる練習をしてみてくださいね。

Column 1

職場編

「溺愛される褒め方」で、職場の雰囲気を明るくしよう

職場は一日の大半を過ごす場所です。せっかくならば、溺愛される褒め方でみんなのモチベーションを上げて、職場の雰囲気を明るくしませんか？ 職場の人間関係に悩んでいる人ほど、ぜひ実践してみてほしいです。

職場では、能力を褒めるのがおすすめです。直接的な仕事の能力でもいいですし、仕事を進めるうえでのチームワークや気遣いなどを褒めてもいいです。また、毎日会っていると、変化や成長に気づくかもしれません。そこを褒めると、自分のことをちゃんと見てくれているんだと嬉しくなって、信頼関係を築けます。

＜同僚・部下を褒める＞

「○○君の資料は、要点がまとまっていてわかりやすいね」

「プレゼンすごくよかった！ みんな聞き入ってたよ」

「○○君がいると、チームの雰囲気が明るくなるよ」

＜上司を褒める＞

「○○さんはモチベーションを上げる天才なので、一緒に働くの楽しいです」

「○○の件、自由にやらせてくださってありがとうございます。信頼して任せてもらえて嬉しいです」

「○○なアドバイスをありがとうございます。○○さんに相談してよかったです」

Chapter 2

「溺愛される褒め方」実践編

＊＊＊

大切なのは、褒められたいツボを探すこと

Lesson 10

重要なのは、相手の内面を掘り下げる会話

「俺のことを理解してくれている」と思ってもらうためには、相手の内面を具体的に褒めることが大事です。

ただし、そのためには、あなた自身が相手の内面をよく理解しなければなりません。単にプロフィールを聞くのではなくて、相手の話を掘り下げて深く聞いて、褒めるポイントを積極的に探しに行く必要があります。

その探し方としては、まず、すごいところやかっこいいところに着目しながら、彼の話を聞きます。そして、素直にすごいなと思う部分があったら、

そこを掘り下げて質問していきます。

この時に、**相手がどのように考えたのか、どうしてそんな行動をとったのかを聞いていくと、相手の内面を知ることができます。「どうして○○なんですか？」「なぜそうしたのですか？」と理由を聞いていくと、話が広がりやすいです。**

それを要約したり、心に残ったところを自分の言葉で伝えながら、具体的に褒めるのです。

♥「○○したなんて、すごいですね！」

Point

《相手の内面を掘り下げる会話の仕方》

・考え方や行動の理由を聞く

ここからは実際に、会話例を見ながら、具体的に解説していきましょう。

例えば、「お仕事は何をされているんですか？」という聞き方だと、単にプロフィールを聞いているだけで、単語で返されてしまいますよね。「医師です」と返された時に、「お医者さんなんてすごいですね〜」と褒めたら、しらじらしくないですか？　これでは、ぜんぜん内面を理解して褒めている感じはしませんよね。

もっと内面を褒めるためには、どうしたらいいでしょうか？

まずは、もう少し会話を進めて相手の話を聞いていきましょう。

♥「へぇ、お医者さんなんですね。何科で働いているんですか？」
♠「小児科です」
♥「小児科のお医者さんって今不足しているって聞きますけれど、実際お忙しいんですか？」
♠「いや〜忙しいですよ。ほんとに大変でねぇ」

ここで、そんなに忙しくて大変なのに、小児科医として働いていてすごいなぁと思ったら、そこを掘り下げて質問していきましょう。

「そんなに大変なのに、どうして小児科医になろうと思ったんですか？」と聞いたら、彼が小児科医になったきっかけを話してくれるでしょう。その話を聞いていく中で、どうして小児科医になろうと思ったのか、どういう志があったのか、彼の考え方が垣間見えます。そこを褒めるのです。

例えば、彼が「子どもの時に、体が弱くて入院していたことがあって、その時の小児科の先生がすごく優しくてかっこよくて、自分もお医者さんになりたいと思ったんだよね」と話してくれたとします。

子どもの時からお医者さんになりたかった、というところに彼の内面的な部分が出ていますね。そうしたら、そこを具体的に褒めましょう。

♥「子どもの時から思い描いていた夢をちゃんと実現させるなんて、すごいですね」。

こんなふうに褒めたら、ただ「お医者さんなんてすごいですね〜」と褒めるよりも、ずっとずっと心がこもっている感じがしませんか？

相手の人生を丸ごと肯定して褒めている感じがしませんか？

「俺のことをわかってくれた！」と思ってくれそうですよね。

このように、「溺愛される褒め方」をするためには、会話をしていくうえで、相手の話を掘り下げて質問していくことが大事です。

そうやって話を聞いていくと、彼の内面的なことが見えてくると思いますので、その中で自分がいいなと思った部分を褒めていきましょう。

もちろん、自分が全くいいと思わないことは褒めなくていいですからね。

褒めなきゃ褒めなきゃと思って、心にもないことを褒めてもしょうがないですから。

思ってもいないことを褒めても、それでは気持ちが伝わらないので、口先だけだなとか、本当にいいと思ってるのかよ、と思われてしまいます。本当に自分がいいいいと思ったことだけを褒めてください。

目的は数多く褒めることではなくて、俺のことをわかってくれている、と思ってもらうことですから。

Lesson 11

とっておきの魔法の質問文

レッスン10で、相手の内面を掘り下げる会話の重要性はわかっていただけたかと思います。ただし、自分で実際に質問しながら褒めていくことを考えると、難しそうだな、どうやって聞いていけばいいのかわからないな、という方もいることでしょう。

そんな方に、どんな会話でも使える、とっても便利な魔法の質問文があります。困ったら次の魔法の質問文を使ってみてください。

Point

《魔法の質問文》
「へぇ～○○なんて、すごいですね！ どうして○○したんですか？」

会話をしていく中で、あなたが興味を惹かれたことを一度すごいと受け止めてから、詳しく理由を聞いていくのです。

例えば、先ほどの会話例でしたら、こんなふうに使います。

♥「へぇ～小児科医なんて、すごいですね！ どうして小児科医になろうと思ったんですか？」

こう言われると、話している方は、興味を持って聞いてくれていると思えるので話しやすくなります。ただ単に「ご職業は？」とか「なぜ小児科医を志したんですか？」と聞くよりも、興味を持って聞いてくれている感じがしませんか？

もしもそこが相手の褒められたいポイントだったら、喜々として語ってくれるでしょう。この聞き方をすることで、褒めるための質問ができるだけではなく、相手が話しやすい雰囲気になるのです。

これはいわゆる口下手なタイプの男性にも、とても有効な方法です。

婚活をしていると、今まで会ったことのないタイプの男性とも会うこともあるかと思いますが、婚活女子が戸惑うのがあまりに口下手なタイプの男性です。話していてもにこりともしないし、こちらから話題を振っても、ぶっきらぼうにしか返してくれないと、「私のこと、嫌いなのかな?」と不安になりますよね。でも、単にどう話したらいいかわからない男性も多いのです。

そういう男性に対しても、「へぇ～◯◯なんて、すごいですね! どうして◯◯したんですか?」と聞いたら、相手も気持ちよく話すことができます。

「すごいですね」だけだとワンパターンになってしまうことが心配な方は、

彼の男性的性格（男らしい、頼もしい、かっこいい、決断力がある）や能力の高さ、考え方の素敵さを褒めるのがおすすめです。

♥「へぇ～○○したなんて、男らしいですね！」
♥「○○なんて、頼もしい！」
♥「○○するんですか？ かっこいい」
♥「○○できるなんて決断力ありますね」

○○の部分がきちんと具体的であれば、すべて「○○なんて、すごいですね」でも問題ありませんが、気になる方はこんなふうに言うと、バリエーションが増えます。

Lesson 12

褒めるために覚えておきたい大切なこと

魔法の質問文からもわかるように、褒めるとは、こちらが何を言うか以上に、相手から何を聞き出すかが大切です。

ただ、相手によっては、なかなか考えていることを話してくれなかったり、端的にしか答えてくれなかったりして、相手の内面がわかるような話を聞き出すのが難しい場合もあるかもしれません。そんな時は、相手が話しやすい雰囲気づくりをしてあげましょう。

雰囲気づくりとはどういうことかと言うと、真剣すぎる顔で無言で聞いていないで、「へぇ〜そうなんですね」「えっ、○○なんですか？」と相槌を

打ったり、相手が話しやすいように大きくリアクションしてあげるのです。

話をする時って、聞き手が興味を持っていないなと思ったら、話しにくくなってしまいませんか?

私は「この人、話を聞いてないな」とか「なんか上の空だな」とか思ったら、話そうと思っていたことを話すのをやめてしまったりします。逆に、リアクションよくにこにこ楽しそうに話を聞いてくれる相手だと、ついつい話しすぎてしまったりします。相手のリアクションによって、話す内容が変わってくるのです。

特に婚活中の男性の場合、人見知りだったりおしゃべりが上手じゃない人も多いので、いかに話しやすい雰囲気をつくってあげるかが大事です。

女性は考えていることや感情を話したり口に出すのが好きだったり得意だったりしますよね。でも男性は、自分の考えを言うのがそもそも好きじゃなかったり、得意じゃなかったりします。

そういう男性に対して、聞き手がぶすっとしたり詰問《きつもん》口調だったりしたら、緊張したり話しにくくなってしまうのです。だからそういう男性も話しやすいように、そこはあなたが気を配って、話しやすい雰囲気づくりをしてあげましょう。


今日のデートの間だけでも気持ちよく話させてあげようという気持ちで、「あなたに興味がありますよ」「あなたの話を聞いてますよ」というのが伝わるように、リアクションよく楽しそうに話を聞いてあげてください。こうやって話を聞いてあげると、相手もリラックスしてあまり普段は話さないような内面や考え方も話せるようになります。そうしたら、それを溺愛される褒め方で褒めていくようにしましょう。

相手はただでさえ気持ちよく話せて楽しいのに、そのうえ褒められるのですから、また会いたいと思うわけです。

私はニューヨークの研究所では、この雰囲気づくりに特に気を配っていました。研究者はおとなしい性格の人が多いからか、口下手な人が多かったのですが、オーバーめに相槌を打ちながら、最後までじっくり話を聞くようにすると、個人的なことや今の悩みを打ち明けてくれることが多かったです。

それに対して、できていることを褒めたり、そんなふうに考えていることを褒めるようにすると、元気になってまたチームのためによい働きをしてくれるようになるのです。

デート相手でも、職場の人でも、相手が話しやすい雰囲気づくりをしながら質問していけば、きっと饒舌《じょうぜつ》に話してくれるはずです。

「どんなふうに質問すればいいかわからない」という方は、ぜひ魔法の質問文を使って質問してみてくださいね。

Lesson 13

褒められたいツボを探す

では、ここからは「上級編」として、ただ褒めるのではなくて、特に彼が褒められたいツボを褒める方法を伝授します。

「溺愛される褒め方」を実践していくと、きちんと具体的に褒めても、あるポイントを褒めた時はとても喜んでくれたけれども、あるポイントは褒めても反応がよくないな、ということがあります。また、同じことを褒めても、この人は喜ぶけれどもこの人は喜ばないな、ということもあります。

つまり、こちらが褒めるニュアンスで言ったことでも、受け取り手の気持ちによって、それが嬉しい場合と嬉しくない場合があるのです。

自分自身が褒められた際に、素直に喜べなかった経験がある女性もいるのではないでしょうか？

例えば、「ちっちゃくてかわいいね」と言われて喜ぶ女性と、喜ばない女性がいると思います。「かわいいって言われて嬉しい」と思う女性もいれば「あー、またちびだって思われている」とか、「ほんとはもっと背が高い方がよかったのに、またちっちゃいって言われちゃった」と、あまり喜べない女性もいますよね。

自分でもいいと思っているポイントは褒められたら嬉しいけれども、逆にコンプレックスを抱いているポイントだったら素直に喜べません。

これは男性も一緒です。

あなたが相手の男性の内面や考え方を褒めても、人によって受け取り方が違うのです。ここを褒めてほしいなと自信を持っているポイントを褒めてあげれば喜ぶし、なんとも思っていない部分を褒められてもあまり喜びません。

この喜ぶ場合の褒めるポイントが、その男性の褒められたいツボです。

せっかくなら、褒められたいツボを褒めた方が「あっ、俺のいいところをわかってくれた！」と感動するので、彼の褒められたいツボを探して褒めてあげるようにしましょう。


では、どうやって彼の褒められたいツボを探せばよいでしょうか？

「どこを褒めたら、相手の褒められたいツボがわかりますか？」と聞かれたら、私はこう答えます。

「わかりません！」


褒められたいツボは、男性によって千差万別。何歳の人はこう褒めましょう、とか、こういう職業の人はここを褒めましょう、とか決まっているわけではありません。褒めてみないとわからない。実際に褒めてみて、相手の反応を見ないとわからないのです。

なので、褒められたいツボを探す時は、相手の反応を見ながら、ぽんぽん褒めてみてください。仕事でも趣味でも、考え方でも性格でも、いろいろな角度から複数褒めてみて、相手の反応を見ながら、「あ、これは喜んでいるぞ」と褒められたいツボを見定めてください。

以前、実際に男性を褒めてみて、男性の反応を見ながら褒められたいツボを探そうというセミナーを行ったことがあるのですが、褒めている本人も周りで見ている人も、「あっ、今のは褒められたいツボだったんだな！」とわかるくらい男性の反応はわかりやすいです。見ていたら必ずわかります。なので、相手の反応をよく観察してくださいね。

男性が褒められたいツボを褒められた時の嬉しい反応には、このようなものがあります。

・顔がぱっと輝く
・目がキラキラする
・にこっと笑う
・にやにやする（口角《こうかく》が上がる）
・姿勢が前のめりになる
・体の距離が近くなる
・声が大きくなる
・早口になる
・急に照れた口調になる

見ていて明らかに姿勢や表情や声などに変化が見られるので、その反応を見て、「あっ、ここが嬉しいポイントなんだな」と判断してください。つまり、褒められたいツボを探す時は、相手の体の反応を見る、ということです。

あるクライアントさんは、今まで男性を褒めても謙遜されることが多かったので、男性はあまり喜ばないのかなと思っていたそうです。けれど、デート相手の反応に注意して褒めるようにしたら、褒めた後に「そーお？」と嬉しそうにしていたり、照れたり、にやにやしている様子から、男性も褒められたら嬉しいんだなと実感できたそうです。

また、あるクライアントさんは、彼を褒めたところ、口では「そんなことないよ」と言いつつ、少しだけ口角が上がりました。その後でまたそれについて語りだしたことから、ここが褒められたいツボなんだなとわかったそうです。

女性を褒める場合も、相手の反応を見るのは一緒です。女性同士だと「えー、嬉しい！」とか「ありがとう！」と素直に言葉に出してくれることも多いですが、体の反応でもわかったりします。体が揺れたり、距離が近づいたり、ぱっと顔が明るくなったり。女性の方が反応が素直でわかりやすいので、いまいち男性をうまく褒められない人は、女友達で褒められたいツボを見つける実践をしてみるのもおすすめです。

男女問わず、相手の反応を見ながらいろいろと褒めてみて、「あっ、ここが褒められたいツボなのかな」と見つけてみてください。

Lesson 14

もっともっと褒められたいツボを押してみる

褒められたいツボを見事見つけたら、一度褒めるだけではなくて、もっとそのツボを押してみましょう。

そこから応用するのは簡単です。褒められたいツボに関連することや、それに似た側面を褒めたら、また喜ぶ可能性が高いからです。

例えば、彼のハードな仕事ぶりを褒めた時に喜んでいたら、次回また仕事の話になった時に、彼のタフに働く姿勢を褒めるのです。

「こんなに仕事を頑張っているのを応援してくれるのは、彼女だけだ！」と感動してくれるはずです。

男性は、仕事、趣味、性格のどれかに褒められたいツボがある人が多いです。例えば、仕事を褒めても反応がよくないなら、趣味の話題を振ってみたり、「気が利くね」と性格を褒めてみたら、そこが褒められたいツボかもしれません。

もしも褒めても褒めても、褒められたいツボを見つけられなかったとしても、心配する必要はありません。

褒められたいツボが間違っていても、マイナスになることはほとんどありません。「褒めても響かない」とか、「そうかな？」と思われることはあっても、褒めて嫌われることはありません。反応を見てこのポイントではないのかなと思ったら、気にせず別の点を褒めればいいだけです。

ある男性は、仕事の話を褒めてもあまり嬉しそうではなかったのですが、「去年から趣味でサックスを吹いているんだ」という話をしてくれた時に、「この年齢から新しい楽器に挑戦するなんて、すごいですね」と言ったら、顔が輝いて急に饒舌《じょうぜつ》になりました。ということは、彼は仕事よりも趣味を褒めてほしい、または挑戦する自分を褒めてほしい、ということです。そこで、サックスを始めたきっかけや、練習について聞きながら褒めていったら、ますます得意そうに話してくれました。

次回またこの男性を褒めるとしたら、またサックスの話題を持ち出して褒めてもいいし、いろいろなことに挑戦する自分が好きなのかもしれないので、彼が他にも挑戦していることを教えてくれたら、「そんなことにも挑戦しているんですか？ 好奇心旺盛に新しいことに挑戦されていて、すごいですね」と言ったら喜ぶかもしれません。

このように1つ褒めポイントを見つけたら、そこから派生したものとか関係するもの、似ているものを褒めてみると、さらに褒められたいツボを見つけられる可能性が高いです。そうやって何度も彼の褒められたいツボを褒めることができたら、「俺を理解してくれるのは彼女だけだ！」という気持ちが高まり、あなたはますます信頼されます。

まずはいろいろな角度から彼のすごいところを具体的に褒めてみて、もしも彼の褒められたいツボを見つけられたら、ぜひもっともっとそのツボを押してみてくださいね。

Lesson 15

初対面でやるべきことは褒めることだけ！

「初対面で褒めること以外、何をするんですか？」と以前セミナーで言って、参加者をざわつかせたことがあるのですが、私は本気でそう思っています。

なぜなら、男性は初対面の印象がとても強いからです。

男性は、初対面で女性としてありかなしかを判断しています。なので、初対面の段階でしっかり、「この子とデートしたい！」と思わせる必要があります。

例えば、婚活アプリで出会った男性との初回のデートで、初回だから遠慮して褒めない、初回だから遠慮して深くコミュニケーションをとらないと、もう2回目はありません。初対面で相手の男性が「2回目のデートに誘いたい」と思わないと、もう二度と会えなくなります。挽回するチャンスはありません。

一方、**初対面から「溺愛される褒め方」をすると、そもそも、初対面で具体的に褒める女性が少ないので、印象に残ります。**「溺愛される褒め方」をすることで、「この子フレンドリーだな」とか、「俺に心を開いてくれているな」という気持ちになるのです。もちろん、その褒められた内容が嬉しいものだったら、相手も、よりいい気持ちになります。

「溺愛される褒め方」を実践することで、相手はいい気持ちになるし、初対面なのに自分のことを理解してもらえて嬉しいから、「俺もこの子のことを理解したいな」という気持ちになって、次のデートに誘ってくれるわけです。

思ってもいないことを言う必要はありませんが、せっかくよいところに気づいたなら、「初対面だから」とか「会ったばかりで変かな」と遠慮せずに、素直に口に出して伝えてみてくださいね。

また、初対面で褒める、と言うと「相手に気を持たせることになるんじゃないか?」「思わせぶりなことはしたくない」という女性がいますが、実はそれこそこれが初対面で褒める目的でもあります。

婚活をするうえで覚えておいてほしいのは、男性は自分からデートに誘うのは勇気がいるということです。

すごくきれいな女性や好みだなと思う女性がいたとしても、相手が自分に全然気がないんじゃないか、と思うと誘えないのです。

特にこれまで長く独身だった男性は、自信がなかったり、慎重だったりするため、なかなか気軽に自分から誘いません。

なので、そういう男性にデートに誘ってもらうためには、「俺のこと好きなのかな?」という気持ちにさせる必要があります。
「俺のこと好きなのかな?」と思えると、「ちょっと頑張ってみようかな」とか「デートに誘ってもまた来てくれるんじゃないかな」という気持ちになって、一歩前に踏み出せるのです。

女性も相手の男性が自分に全く興味がなさそうだったら、行動しよう、という気持ちになれないですよね? それは男性も一緒です。
初対面で必ず「俺のこと好きなのかな?」「俺に興味があるのかな?」と思ってもらい、彼らに行動のきっかけを与えてください。思わせぶりなのではなくて、勇気づけてあげるのです。

「俺のこと好きなのかな?」と思ってもらうのに有効なのが、「溺愛される褒め方」です。

「溺愛される褒め方」をしようとすると、必然的に相手の話を興味を持って聞いて、相手のよいところを理解しようと努めることになります。そんな姿勢で会話をしてくれる女性に出会ったら、相手は自然と「俺に興味があるのかな？」と思います。

また、「溺愛される褒め方」がばっちり決まる、つまり相手が褒めてほしいポイントをずばりと褒めることができると、「俺のことをわかってくれるのはこの子だけだ！」という気持ちになるのです。

初対面でそんな気持ちにさせてくれる女性に出会ったら、当然2回目のデートに誘いたくなりますよね？

あるクライアントさんは、結婚式の二次会で好みの男性に出会いました。そこで、彼らの出し物について、チームワークを褒めたところ、5分も話していないのにデートに誘われたそうです。

また、あるクライアントさんは、初対面どころか、会う前から「溺愛される褒め方」をしていました。

婚活アプリでマッチングした年下ＩＴ男子に、事前のメールのやりとりで、彼の趣味や仕事について、「溺愛される褒め方」をしていたそうです。

そうしたら、「俺のことをあんなふうに褒めてくれた人はいないよ！ 嬉しかったなぁ」と言われ、初デートで交際の申し込みをされたそうです！

初対面でこそ、褒めることが有効なのです。

初対面で褒める以外、何をするんですか？

Lesson 16

初対面で褒める方法

「初対面で褒めること以外、何をするんですか？」と言うと、「初対面からどうやって褒めるんですか？」と聞かれます。

初対面で褒める時も、親しい間柄の人を褒める時も、同じです。「溺愛される褒め方」の基本の「俺のことをわかってくれている」と思ってもらうために、彼の内面的なよい部分を具体的に褒めるのです。

これを初対面からやるからこそ、意味があります。初対面でそんな内面的なことを褒めようと思えば、積極的に相手のことを知ろうとしないと、褒めることができません。そうやって相手を知るために、これまでに説明したような話の聞き方で会話をしていくと、相手に興味を持っていることが伝わって、相手は嬉しいし、すごく印象に残るのです。そして、そうやって会話を進めていくと、たとえ初対面であろうと、自分の考え方や価値観について話すことになるので、心の距離が縮まりやすいのです。

例えば、「どうして小児科医になろうと思ったんですか?」と質問したケースでは、「子どもの時に入院していて……」という話になりましたよね。彼はきっと、普通だったら初対面の女性に入院していたことなんて言わないと思います。でも話の流れでその話をして、「だから医者になろうと思ったんだよ」というところまで話したわけです。その結果、話したことによって彼自身が女性と親密になったような気持ちになるのです。

そのうえ、話の聞き方、質問の仕方から、彼女は自分との会話自体も楽しんでいたな、と思えます。つまり、深い話もできたし仲良くなれたな、と思えるのです。

ここで「溺愛される褒め方」をしたら、初対面でそこまで内面的なことを褒める女性はいないので、「この子は初対面なのに、俺のことを理解しようとしてくれているな」とか「俺のことをわかってくれている」と思ってくれるはずです。そうすると、とても強く印象に残るのです！「この子いいな」と好意を持ってもらいやすいのです。それまでに外見やプロフィールを気に入られていたならば、まず間違いなく次のデートに誘われます。

褒める基本は、初対面だろうが何回目だろうが一緒です。相手の内面を知るような会話をして、内面のいいところ、考え方、人から言われ慣れていないそうなことを褒めるのです。

そうは言っても、「初対面で上手に相手のことを理解しながら話せるか心配です」という初心者さんのために、自分で考えなくても使えるよう具体的な台詞集を用意しました。シーン別に、「こんな褒め方をしたらいいよ」という「溺愛される褒め方」を何パターンかつくりましたので、実際に使ってみてください。

まず大事なのは褒めるという行為それ自体なので、「どうやって褒めたらいいかわからない」「どうやって話を引き出したらいいかわからない」という方は、最初は難しいことは考えずに、シーン別の「溺愛される褒め方」の型を使って実際に褒めてみてください。

そして、この台詞を使って褒めた時に「男性って褒めたらこんなふうに喜ぶんだな」とか、「思い切って初対面から褒めてみたらこんなふうに仲良くなれるんだな」と実感してください。

そうしたら、次は、もっと褒めたくなったり、褒めることに抵抗がなくなったりすると思いますので、その時は、自分のオリジナルの台詞で褒めていってください。それまでは練習と思って、次の褒め方の具体例を使って褒めてみてくださいね。

Lesson 17

シーン別「溺愛される褒め方」デート編

① 待ち合わせ

婚活アプリでメッセージのやりとりをして、会うことになった時や、合コンなどで知り合って、いざ2人でデートする時の待ち合わせを想像してください。ドキドキしながら待ち合わせ場所に行き、今日の格好変じゃないかな、とそわそわしながら相手を待っているあなた。そこへ、向こうから彼が現れました。こんな場面で、まずはどんなところを褒めますか？

待ち合わせは、唯一、外見を褒めてもいい場面です。何時間も経った後に急に褒めるとわざとらしくなってしまうので、外見や全体の雰囲気に関して褒めたかったら、待ち合わせの時が最適です。外見を褒める時は、真面目に褒めると嘘っぽく聞こえることがあるので、突っ込みながらとか冗談に絡めて言うといいです。

♥「背高いですね！ 遠くからでも目立ってましたよ」

♥「あれ？ ちょっと見ない間にイケメンになった？」

また、彼の外見だけではなく、服装や小物などを褒めるのもおすすめです。持ち物を褒める時は、単に物を褒めるのではなくて、それを選んだあなたのセンスがいい、というふうに褒めましょう。

♥「そのかばんを選ぶ○○君はさすがのセンスだね」

♥「自分に似合うスーツ、わかってるよね～」

▼例題
この男性が待ち合わせ場所に現れたら、どんなふうに褒めますか? 考えられるだけいくつもあげてみましょう。

▼解答例
「えー、見違えちゃったよ〜。○○君てスーツ似合うんだね」

「スーツ似合う人がいるなぁと思ったら、○○君だったかぁ〜」

「スーツ着こなしてて、できる男って感じですね!」

「肩幅広いからスーツ似合いますね」

「その色のスーツ似合うって、おしゃれ偏

差値高いですよね！」

「仕事帰りでもくたびれていないで、びしっとスーツ着てる男性って、憧れます。絶対、社内にファンいますよね？」

「○○さんのスーツ姿、かっこいいだろうなって思っていました。これは、隣を歩く人選びますよ～。きれいめワンピースを着てきてよかった♡」

スーツを褒めるだけでも、これだけバリエーションがあります。他にも、ネクタイや時計のセンスを褒めてもいいですね。褒め方は無限大なので、いろいろな褒め方を試してみてください。

Point

《待ち合わせでの褒め方》

・冗談っぽく、外見や持ち物を褒める

なお、外見を褒めた際は、「そんなことないよ」とか「お世辞うまいね」などと相手は謙遜することが多いと思います。ですが、内心は喜んでいるはずなので、その反応はあまり気にしないでください。重ねて何度も褒めるよりも、「ほんとにそう思ったんだけどな」とさらっと流しておきましょう。

② レストラン

食事デートでは、男性がお店を予約してくれていることが多いでしょう。せっかくなら、お店を予約してくれたお礼を伝えるだけではなくて、そこでひと言褒めましょう。

♥「予約してくれてありがとうございます。雰囲気のよいお店ですね。さすが大人の男は違いますね」

♥「おしゃれなお店ですね、こんなお店を知ってるなんてすごい！」

ポイントはお店をただ褒めるのではなくて、そんなお店を選択できるあなたってすごい、という褒め方をすることです。お店の雰囲気や料理を褒めても、それはお店の手柄であって、彼を褒めていることにはならないからです。こんな素敵なお店を知っている彼の情報感度の高さやセンスのよさ、あなた好みのお店を選択できる彼の能力を褒めましょう。

Point

《レストランでの褒め方》

・お店のよいところ＋そんなお店を知っているなんてすごい

お店のよいところの褒め方としては、女子会をする時に、幹事の子が選んでくれたお店を褒める時に、どういうふうに褒めているか思い出すとわかり

やすいかもしれません。女子同士だときゃぴきゃぴお店を褒め合ったりしませんか？　そんなふうに気軽に思ったことを褒めてくださいね。

▼例題

こんなお店に連れてきてもらえたら、どうやって褒めますか？

▼解答例

「わぁ、外国のレストランみたいですね。おしゃれなお店を知っていてすごいですね」

「いつもこんな高級なところに来ているん

ですか？ さすがですね」

「インテリアまで凝ってる素敵なお店だね、こんなお店、よく知ってたね！ すごい！ 連れてきてくれてありがとう」

「こんなにおしゃれなお店、初めて来た～！ 嬉しい！ こんなお店を知っているなんてさすがだね」

「こういう雰囲気のお店大好き！ どうして私がこういうレストランが好きってわかったの？ すごいね」


最後の例は、実際に感動して伝えたところ、彼がとても得意げになって、その後も毎回素敵なお店を予約してくれるようになったそうです。「彼女の好みを把握して、喜ばせることができる俺」という認識に気分がよくなったんですね。

解答例は、どれもお店ではなくて、最終的には彼を褒めていますよね？ お店を褒めることを通して、彼の能力を褒めることで、「俺のいいところを理解してくれた」という気持ちになってもらうのです。この型で褒めるように意識したら、食事デートで必ず1個は褒められますね！

③ 食事中の会話

デートのメインとなる、食事中の会話。まさにここが、「俺のことをわかってくれている」と思えるかどうかの分かれ目です。レッスン11の魔法の質問文を駆使しながら、彼の話を理解するように努め、内面や人から言われ慣れていないことを褒めるようにしてください。

そして、上級者の皆さんは、ただ褒めるだけではなくて、彼の褒められたいツボはどこかな～？と探してみてくださいね。

▼例題

彼が聞いてもいないのに武勇伝を話してきたら、どうやって褒めますか？

▼解答例

「○○したの!? 決断力あるなぁ、すごいよ〜!」

「そっかー○○したんだ!? ○○君って、ほんと行動力あるね」

「えぇ、○○したの!? そういうところ、尊敬する!」

「○○してあげたなんて、ほんと優しいよね。だからみんなの人気者なんだね」

「○○したの? それは気が利く先輩だね。だから後輩に慕われるんだね」

「そういうところ、マメだよね! だからモテるんだね」

男性が自分から自慢してきたり、聞いてもいないのに武勇伝を話してきた時は、そこが彼の褒められたいツボです。わかりやすくてかわいいですよね。彼の行動をオウム返ししたうえで、決断力や行動力、性格を褒めましょう。自分から武勇伝を話してくれない場合は、レッスン12の雰囲気づくりも意識しながら、褒められたいツボを探していきます。

「〇〇したの？　すごいね！　それでそれで？」のように、明るく相槌を打ちながら彼の会話を引き出していきましょう。そして、それを要約したり、彼が強調したところを繰り返して、「やっぱり〇〇なところがすごいね！」と褒めていきましょう。

これらを組み合わせて会話をしていくと、あまり会話が上手じゃない男性でも気持ちよく話すことができます。そこで、彼の内面や自慢に思っているところをいろいろなパターンで褒めれば、明らかに彼の反応がいいところがあるはず。そこが彼の褒められたいツボです！

④ 帰り際

デートの最後、帰り際は、「溺愛される褒め方」においてとても大事な場面です。なぜなら、去り際はとても印象に残るからです。ここで、彼が一番自慢に思っている◯◯なことを褒めると、印象に残ります。私はちゃんとあなたのことをわかっていますよ、とアピールできます。むしろ、帰り際のこれを言いたいがために、食事中にせっせと彼が褒められたいツボを探すのです。

楽しいデートの締めくくりとして、最後にしっかり褒められたいツボを褒めて、「俺のことを理解してくれている！　また会いたい！」と思ってもらいましょう。

▼例題

その日に見つけた、彼の褒められたいツボを最後にもう一度褒めましょう。

▼解答例

「今日は○○君の○○なところ、発見できて楽しかった！」

「○○君が意外と○○で、見直したんだけど」

「○○君が○○な話、すごく面白かった。また聞かせてほしいな」

以上、シーン別の「溺愛される褒め方」でした。シミュレーションはできましたか？　ぜひ、初デートの前夜に復習をして、「この台詞を使ってみよう」と決めてから行ってくださいね。

Column
2

友達編

いいと思ったらすぐに伝える、タイミングが命

好きな人が相手だと、褒めるのも緊張してしまうかもしれませんが、友達ならそこまで気負わずに褒められるはずです。自分も褒め方の練習になるし、相手も褒められて気持ちがいいし、双方にメリットがあります。友達を褒める際は、いいと思った瞬間にそれを言葉にして褒めることが大事です。後から「あの時のここがすごかった」と伝えても、言われた方は「そんなことしたっけな？」と覚えていないからです。

「○○してあげるなんて、思いやりの塊だよね」

「そうやって切り返すところ、頭の回転速いよね」

「あはは、笑いのツボが合うから、○○と一緒にいると楽しいなぁ」

日常的に会っている女友達を褒める際は、髪型、ネイル、メイク、服装の小さな変化に気づいて褒めると喜ばれます。もしも彼女なりにこだわっているポイントがわかれば、そこを指摘して褒めると、「私のこだわり、わかってくれている！」と嬉しくなります。褒める相手が誰であろうと、あくまで「私のことを理解してくれている」と思ってもらえるような褒め方をしてくださいね。

「髪色変えたんだね！ 落ち着いた色も似合うね。肌の白さが際立っているよ～」

「背高いからそういうワンピース似合うね！素敵！」

Chapter 3

男性を育てる褒め方の魔法

＊＊＊

言葉のキャッチボールで、よい関係を築く

Lesson 18

どんな男性でも、本能的に溺愛する素質を持っている

すべての男性は、好きな女性を大切にしたい、幸せにしたいという気持ちを本能的に持っています。今、あなたのパートナーが表面上は冷たい、愛がない態度をとっていたとしても、溺愛する素質は持っているはずです。一見、溺愛してくれなそうな男性でも、あなたが溺愛される行動をとれば、溺愛されるのです。

これまで、未婚、既婚の1500人以上のクライアントさんの相談にのってきましたが、女性が溺愛される行動をとるようになると、男性の態度はガラッと変わります。

♥「付き合って数年経ち、扱いがぞんざいになり、もっぱらお家《うち》デートばかりでした。けれど、溺愛される行動を始めたら、1か月も経たずに付き合い始めた頃のように大切に扱われるようになり、私を喜ばせるための計画を立てたデートに連れていってくれるようになりました」

♥「国をまたいだ遠距離恋愛でなかなか会えず、連絡頻度も減ってしまい、彼の浮気も疑っていたのですが、溺愛される行動をとり始めたら、2か月で婚約に至りました」

♥「結婚して子どもが生まれ、子育てに追われ、夫婦での会話も激減。けれど、溺愛される行動を実践したところ、主人との会話が増えたどころか、主人は性格まで変わったかのように快活によくしゃべる人になりました」

これらの例はすべて、男性が特別な才能を持っていたわけでも、たまたま運がよかったわけでもなく、女性が溺愛される行動をとったからです。

男性に溺愛されるために必要な行動はたった1つです。「女性を幸せにしたい」という男性の本質を満たすことです。

この男性の本質を満たすためには、どうしたらいいでしょうか？

それは、**「私はこうされたら幸せです」と相手に具体的に明確に伝えること、また、それをやってくれたら3回感謝することです。**

ポイントは、してほしいことを男性にわかりやすく伝えることです。もしも今は彼が何もやってくれない場合、彼はそもそも、何をしたらよいかわからないからできていないという可能性があります。

女性を幸せにしたいと頭では思っていても、具体的に何をしたらいいかわからない男性が多いので、察してもらうことは期待しないでください。はっきりと、してほしいことを言葉で相手に伝えるのです。

そうすれば、できることならやってくれます。もしやってくれたら、3回異なるタイミングで感謝を伝えます。3回も感謝すると、「俺は彼女を幸せにしているぞ」と実感できます。

男性の本質が満たされて達成感を得られ、もっと彼女に何かやってあげたくなります。そうすると、次にまたやってほしいことを伝えた時に、男性は張り切ってやってくれるようになり、次から次へと尽くしてくれるようになります。

以上のように、まずは女性がしてほしいことを明確に伝えることで、男性の溺愛する素質を引き出してください。

Lesson 19

男性が頑張り続けるためには女性がガソリンを入れ続ける必要がある

男性が頑張り続けるためには、女性がガソリンを入れ続ける必要がありま す。

男性にとってのガソリンとは、「女性からの感謝と褒め」です。

女性がやってほしいことを伝えて、やってくれたことに毎回感謝し続けると、男性は常に次の課題を欲する状態になっていきます。なぜなら、「俺は彼女を幸せにしているぞ」という男性の本質の部分が満たされて、自信を持てるからです。

自分の能力に自信を持てるので、「きっと次の彼女のお願いも、俺なら叶えてあげられるんだ」と思えるのです。そして、実際に次のお願いも叶えてあげることができれば、さらに自信をつけて、もっともっとやってあげたくなります。

つまり、これはぐるぐるポジティブなループとして回っているので、基本的にはこのループを止めない限りずーっと溺愛され続けます。

私はこれを「溺愛ループ」と呼んでいます。この溺愛ループが回っている限り、男性は「俺は彼女を幸せにできる能力のある男なんだ」と男としても自信を持て、常に元気いっぱい、ガソリンが満タン状態なのです。

だから、女性に優しくできるし、女性を大事にしたいなと思い続けることができるのです。そしてそんなふうにかっこよく尽くしている自分が大好きなのです。

また、男性を褒めることでもガソリンを入れることができます。特に、彼が元から当たり前に持っていたものよりも、彼自身が努力して身につけた能力を褒めることが有効です。「今の俺は彼女を幸せにできる能力のある男になれたんだ」という部分に自信を持つことができれば、もっともっとその能力を発揮して、彼女を幸せにしてあげたいと思うのです。そしてもっと成長したい、できる男になりたい、とますます張り切るのです。

あるクライアントさんは、彼が仕事の話をするたびに、周りを巻き込んで効率的に進めていく統率力を褒めながら話を聞いていたところ、彼が新しい事業を立ち上げることになり、事業も軌道に乗り、年商が大きくアップしたそうです。

また、あるクライアントさんは、定期的に夫の夢を聞く時間をつくり、そこであなたなら絶対できる、と励まし続けたら、年収が200万円上がったそうです。そして、こうなったのは君のおかげだとジュエリーのプレゼントをもらったそうです。

感謝するにせよ、褒めるにせよ、「俺は彼女を幸せにできる能力のある男なんだ」という気持ちを常に抱かせてあげれば、常にガソリン満タン状態で、自信満々でいられます。男性にとって女性を幸せにできていると確信することはエネルギー源になるので、皆さんもどんどん褒めて、男性を元気いっぱいに走らせてください。

そうやって頑張る男性が増えれば、日本全体の生産性も上がって、いいこと尽くしです。

Lesson 20

男性の価値観を少しずつ広げる

褒め方次第では、男性の価値観を変えていくことも可能です。

もちろんいきなり変えることはできませんが、少しずつ彼の許容できる範囲を広げていくことは可能です。

まず、男性の価値観を広げる、つまり、それまではいいと思わなかったものもいいと思うようになるためには、新しい体験をすることで、違う視点からの考え方を取り入れてもらう必要があります。

例えば、彼はあなたを高級レストランには全然連れていってくれないとします。彼が高級レストランに行きたがらないということは、今の彼は高級レストランに価値を感じていないのです。食べ物なんて食べたらなくなるのに、そんな高い金を出す必要がどこにあるんだ、もっと別のことにお金を使いたいと思っているのです。

今そういう状態の彼に対して、ただ「高級レストランに連れていってよ」と言っても、おそらく連れていってくれないでしょう。彼はそのお金を払う価値を感じていないのですから。

では、どうやったらその価値観を広げて、高級レストランに連れていってもらえるようになるでしょうか？

まずは彼に体験してもらうことが大切です。高級レストランに彼女と行くと、こんないいことがあるぞと新しい視点を見つけて、まぁ悪くないかなと体験してもらうのです。例えば、あなたの誕生日のような、あなたの願いを叶えてあげたいな、という気持ちが高まっているタイミングで、高級レストランでの誕生日ディナーをリクエストします。

それで、もしも連れていってくれたら、その時の反応が大事です。「わぁ、美味しい」だけではなくて、彼がお金を払う価値があると実感できることを新たに褒める必要があります。今まで彼が行きたがらなかったということは、わざわざ高いお金をだして味を追求することに価値を感じていないので、「美味しいね」だけだと弱いのです。

彼が価値を感じる別の視点を入れる必要があります。

例えば、「今日は素敵なレストランに連れていってもらえるから、セクシーなワンピースを着てみたよ」と、ドレスアップした格好で行きます。そして、彼がエスコートしてくれることやそのスマートな振る舞いを褒めるのです。

そうすると、彼は「ドレスアップした彼女をかっこよくエスコートする俺」に気分がよくなって、またそんな経験ができる高級レストランデートもいいな、と思ってくれるかもしれません。

つまり、彼は相変わらず美味しさにお金を払うことには価値を感じていないのですが、「ドレスアップした彼女をエスコートするのはかっこいい」という新たな価値観を身につけたのです。

こんなふうに、今の彼にとっては価値を感じていなくて、あなたの願いを叶えてくれない場合は、彼に新しい視点を提案して、別のポイントで価値を感じてもらいましょう。

Lesson 21

彼の外見を自分好みに変える

彼の外見を変えたい時は、今の彼のファッションを否定するのではなく、新しいファッションの方が似合う、そんなふうに似合うあなたはすごい、という方向に持っていきましょう。

例えば、シンプルな白いシャツを着てほしいなという場合は、「○○君って今はやりの塩顔男子だよね？ そういう塩顔男子って白シャツが似合うらしいよ」と彼のいいところを褒めつつ、だからこそあなたにはこれが似合う、と着てほしいものをすすめるのです。そうすると、言われた方も悪い気はしないので、嫌じゃなければ着てくれます。

ただし、そう言われたからといって彼がわざわざ一人で白シャツを買いに行くかというと、そんな面倒なことはおそらくしません。一緒に買いに行く場面をつくるのが近道です。ただ言うだけだと実行しないので、一緒に買い物に行って「こういう白シャツ、○○君に似合うよね」と、買うべき商品を直接渡して「これ買っちゃおうよ」と言うか、いっそあなたが買ってください。

「これ似合うね！ ちょっと早めの誕生日プレゼントとして買ってあげるからさ、お誕生日デートにこれ着てきてよ」と言えば、「俺は絶対着ない」という男性はまずいませんので、そうやって着てもらうようにしましょう。大事なことは、とにかく1回着せる、ということです。

それで実際に彼が着てきたら、めちゃくちゃ褒めるんです。「○○君って背が高いから、こういうシンプルな洋服が似合うね」と彼のいいところを褒めつつ、ファッションを褒めます。褒めるポイントは、ただ「似合うね」だけじゃなくて、彼の顔のパーツでもスタイルでもいいので、彼が持っているものを褒めながら、だから似合うよね、という方向に持っていくのがおすすめです。

「○○君、背が高いから」「○○君、鼻がしゅっとしているから」「○○君、小顔だから」と何か彼の特徴を褒めながら、「だからあなたには似合うから、こういうのまた着ようよ」という方向にもっていきましょう。

そうやって褒めて彼が自分好みの服を着てくれるようになったら、あなたも彼好みの服を着てあげるとか、いつもより甘えるとか、「いやぁー○○君、背高いからかっこいいね」と、事あるごとに褒めるとか、「これを着るといいことがあるなぁ」という気持ちにさせましょう。そうしたら、ファッションに興味がなかった彼でも、「じゃあ着ようかな」という気持ちになってくれます。

彼の外見を変えたい時は、服装の他に髪型を変えると、雰囲気がかなり変わります。髪型を変える時も基本は一緒です。

「髪型を変えてみなよ」と言うだけだと、どう変えたらいいかわからないから面倒くさくて実行しません。おすすめの髪型の画像を見せたり、メールで送って、「○○さんってこの俳優さんに似ているよね、だからこの髪型似合うと思うんだよね！」とすすめましょう。

「○○君て目が大きいから、俳優の○○さんに似ているよね」「○○君て背が高くて小顔だから、このモデルさんの髪型とか似合いそうだよね」。こんなふうにあなたは素敵だからこの髪型が似合いそう、という形で褒めながら提案してください。彼が「そんなに言うなら、この髪型にしてもいいかな」と思ったら、あなたが送った画像を美容師さんに見せて、その髪型に変えてくれるかもしれません。
そして、その髪型が似合っていることをたくさん褒めたら、それまで寝ぐせも気にしなかった男性でも、ヘアセットしてくれるようになるかもしれません。

ファッションでも髪型でも、外見を変える時のポイントは、彼のいいところを褒めて変えてもらって、変えてくれた後にもしっかりと、似合っている、素敵だ、○○君のよさを引き立てている、とさらに褒めることです。

Lesson 22

男性に優しい褒め言葉を日常的にかけてもらう方法

日本人男性は奥ゆかしいので、褒め言葉を日常的に浴びせてくれる人は少ないかと思います。かわいいね、きれいだね、と当たり前に言ってくれる男性も探せばいるとは思いますが、少数派ですよね。

私の彼氏は全然褒めてくれないんです、と不満に思っている女性も多いと思いますが、それが普通なので諦めましょう。……ではなくって！　実は、女性からの働きかけ次第で、褒めてくれる男性になることは可能です。もっと褒めてほしいと不満に思っている女性は、ぜひパートナーを褒めてくれる男性に育てましょう。

そもそも褒めない男性は、なぜ褒めないのでしょうか？

一つ目の理由としては、褒めることに慣れていないから、照れくさいからです。そしてもう一つ、見落としがちなのが、女性は褒められたら嬉しいんだということを知らないからです。特にあまり女性に慣れていない男性だと、そもそも褒めるということを行ったことがないので、褒めた時にどんなに女性が喜ぶか知らないのです。つまり、知らないから褒めていないだけで、褒めてほしいんだとわかったら、褒めてくれます。

まずは褒められたら嬉しいんだよ、褒めてほしいんだよ、ということを素直に伝えるところから始めていきましょう。

ステップ１：褒められたら、すかさず嬉しいと伝える

普段褒めない男性がたまたま褒めてくれることがあったら、すかさず大喜びして褒められて嬉しいことを伝えてください。間違っても、「どうしたの？　珍しいこと言っちゃって」なんて茶化《ちゃか》したりしないで、素直に喜んでください。

例えば、普段めったにかわいいとか言わない彼が「そのワンピース似合ってるね。かわいい」と言ってくれたら、「本当に？　嬉しいっ！　そうやって言葉で褒められると、めちゃくちゃ嬉しいよ」としっかり伝えましょう。

彼はそうやって素直に喜んでいる姿を見て、「あぁ、こんなに喜ぶものなんだ。ただかわいいって言っただけでこんなに喜ぶなら、また褒めてあげよう」という気持ちになってくれます。

そこで次にまた彼が褒めてくれたら必ず、「えー、嬉しい！　ありがとう」と素直に反応してください。「こんなに喜んじゃってかわいいな」と思って、もっと褒めたくなります。

自分が彼女を幸せにしている、と思えると、男性も嬉しいのです。一度でも褒められるチャンスがあったら、褒められると幸せなんだということをしっかり相手に伝えて、そして、引き続き褒めてもらえるように、毎回必ず喜んでくださいね。

ステップ2：褒められるまで聞き続ける

そもそも全く褒めてくれない男性の場合は、どうしたらいいでしょうか？

褒めることが照れくさいと思っている男性だと、ただの一度も褒めてくれないかもしれません。そういう男性の場合は、黙って待っていて一生褒められないのも悲しいので、褒めてほしいと直接伝えましょう。

例えば、髪を切った時に「今日髪、切ったんだよ。新しい髪型、かわいい？」と聞きます。「うん、かわいいよ」と言ってくれたら、すかさず大喜びしてください。「ありがとう！　かわいいって言ってもらえて嬉しい」と喜べば、褒められて嬉しいことを伝えることができます。

もしも「新しい髪型、かわいい?」と聞いても、「うん」とか「そうだね」と相槌を打つだけで、直接かわいいと言ってくれない場合は、彼がかわいいと言うまで聞き続けてください。「えー、ちゃんと言ってよ〜。ねぇ、かわいい?」と聞き続けます。しつこく聞き続けたら、渋々かわいいねと言ってくれるはずです。どんなにその言い方に渋々感が出ていて、心がこもっていなかったとしても、「えへへ、かわいいって言ってもらえて嬉しい。ありがとう」と喜んでください。ここはわざとらしくてもいいので、**とにかく「かわいいと彼の口から言わせて喜ぶ」という1セットをやるのです。**

ここで優しい男性だったら、そこまでしてかわいいって言われたいなら言ってあげようと思って、次からはしつこく聞かなくともかわいいと言ってくれるかもしれません。

でも、まだ言ってくれない可能性もあります。「喜ぶのはわかったけど、やっぱり照れくさいな」と思って、やっぱり褒めてくれない男性のままである可能性もあります。その場合は、もう1プッシュ必要です。

例えば、次回また髪を切った時に、「今日髪、切ったんだよ。新しい髪型、かわいい？」と聞きます。そうしたら、「あ、また例のやつだ」と彼はピンとくるはずです。しつこく聞かれる前に言っておこう、と「かわいいよ」と言ってくれることでしょう。

ピンとこなくて、なかなか言ってくれなければ、やはり言ってくれるまでしつこく聞き続けると、「しょうがないなぁ」とかわいいと言ってくれるはずです。ポイントは、あくまで「かわいい？」と聞くだけで、「なんで褒めてくれないの！」などと怒らないことです。しつこく聞いても最終的に褒められて喜べば、彼も嫌がりませんし、雰囲気も悪くなりません。

これを何度も繰り返していくと、いつか彼にも諦めの気持ちが出てきて、照れくさくても「またあれだよ、かわいいって言わなきゃいけないやつだよ」とすんなり言ってくれるようになります。

また、こうやって、かわいいかわいいを言わせていくうちに、彼もかわいいいという言葉に慣れてきます。そうやって慣れてくると、照れくささもなくなるので、彼もしつこく言われなくても「髪、切ったんだよー」と言っただけで「かわいいね」と言ってくれるようになるはずです。そうやって彼が言ってくれるようになったら、そこで毎回大喜びして、というのを繰り返していけば、かわいいと言える男性になってくれます。

時間はかかるかもしれないし、最初は言わせている感がすごいですけれども、その積み重ねで将来かわいいと言ってくれる男性に育つなら、やる価値があると思いませんか？

かわいいと言われたい方は、そうやってかわいいの強要をして、彼が言えるまで成長を見守りましょう。そうしたら、いつか自発的に褒めてくれるようになります。

Lesson 23

男性の仕事力を格段にアップさせる褒め方

基本的に男性は、あなたが溺愛ループを回すようにすると、男としての自信がつくので、そして男としての自信は仕事への自信に直結しているので、たいてい皆さん仕事ができるようになります。仕事にエネルギーを注ぐようになるので、出世したり年収が上がるというケースがすごく多いです。

なので、基本的には、溺愛ループさえ回していれば、男性は勝手に仕事ができる男になっていきます。さらにダメ押しとして、もっと仕事ができるようになってほしいな、そのために何か私にできることはないかな、という方は、仕事の話の聞き方を工夫しましょう。

男性が自分から仕事の話をしてきた時は、何か別のことをしていた時でも、必ずその手を止めて、しっかり話を聞いてあげるようにしましょう。

男性がわざわざ仕事の話をする時は、何かいいことがあった場合が多いです。そして、それが仕事で成果が出た報告だったとしたら、**彼はどこを褒められたくてその話をしているのかを考えながら話を聞いて、褒めるようにしましょう。**

例えば、契約をとれた話を喜々として報告してきた時は、契約の数をたくさんとれたことを褒められたいのか、難しい相手から契約をとれたことを褒められたいのか、というように、必ず褒められたいツボがあるはずです。それを話を聞きながら探して、褒めてあげましょう。

♥「今月もう10件も契約とれたの？ すごいね！」

♥「難しい相手だって言ってたのに、契約とれたの？ 信頼されてるね！」

もしも褒められたいツボをピンポイントで褒めることができたら、わかってくれているなぁと思って報われた気持ちになったり、もっと頑張ろうという気持ちになったりします。そうすると、今後も褒められたい一心で、ますますやる気になってくれて、仕事でいいことがあった時や成果が出た時に、喜々として報告するようになります。

あるクライアントさんは、彼が仕事のことでこんなふうに工夫して行動したんだ、という話をした時に、「そういうふうに行動力あるところ、すごいですね」と褒めたら、「しびれるわ」と喜んでいたそうです。きっと彼は今後も仕事で行動力を発揮することでしょう。

また、あるクライアントさんは、夫がぽつりと言った仕事で実現したいことについて、「あなたは上司からも信頼されているし、実行力があるんだから、絶対できるよ」と彼の能力を褒めながら励ましていたら、自信をつけてきて、本当にそれに挑戦して実現させることができたそうです。

人によっては仕事の話をプライベートに持ち込みたくない、家庭で話したくない、という男性もいるかもしれないので、無理に話させる必要はないのですが、彼が自分から仕事の話をした時は、こんなふうにしっかり話を聞いて褒めてあげると、エネルギーが満ちてますます張り切って仕事をしてくれるようになります。

Lesson 24

男性に家事をやってもらえる褒め方

既婚女性の一番の不満は、「夫が家事を手伝ってくれない！」ということではないでしょうか？　特に共働きのワーキングマザーの場合、「どうして子育ても家事も、全部私がやらなきゃいけないの!?」と爆発してしまったこともあるかもしれません。また、そんな先輩ママたちを見て、婚活中の女性も、「絶対に家事をやってくれる男性と結婚しなきゃ」と心に誓っている人もいるかもしれません。

「家事をやってくれる夫」とは、どういう男性でしょうか？

優しい男性？
家事能力が高い男性？
一人暮らし歴の長い男性？

どれも違います。優しくなくても、現時点で家事能力が低くても、一人暮らししたことがなくても、関係ないのです。
実は、家事をやってくれる夫の正体は、「妻に褒められたい一心で家事をする男性」です。

彼は家事が得意だから家事をするのではなく、妻に褒められたいから家事をするのです。**彼のもともとの家事能力とは関係なく、「妻に褒められたい一心で家事をする」という状態に持っていけば、家事をする夫が誕生するのです。**つまり、妻が上手に褒めてやる気にさせればいいのです。すべては妻次第。

日常生活をラクに送る極意だと思って、ぜひ実践してみてください。クライアントさんにこの方法をお教えすると、実践した方は高確率でうまくいっています！　まだ結婚していない方は、ぜひ実家のお父さんで実践してみてくださいね。何歳からでも、男性は変われます。

「褒められたい一心で家事をする男性」に成長してもらうためには、家事をやってくれた時の褒め方にコツがいります。それは、ただやってくれたことを感謝するのではなくて、その家事を上手にできた彼の能力の高さを褒めるのです。

Point

《家事を褒めるポイント》

・やってくれたことの感謝＋彼の能力を褒める

多くの女性は、男性が家事をやってくれた時に、ただやってくれたことのお礼を言うことしかしません。ですが、それだけだと、わざわざ彼が家事を行う動機としては弱いのです。特に夫婦間で家事が面倒なことの押しつけ合い、みたいになってしまっていたら、彼はやらされているという気持ちがぬぐえません。面倒なことを押しつけられた、と思ったら、誰でもやりたくないですよね。

一方、「あなたの方がこういうふうに上手だから、ぜひこの家事はあなたにお願いしたい」と能力を褒められたら、悪い気はしないものです。

大事なことは、「面倒だから、あなたに家事をやってほしい」のではなくて、「あなたの家事の仕方が素晴らしいから、あなたに家事をやってほしい」というニュアンスが伝わることです。

そのためには、とにかく一度家事をやってもらって、彼の能力の高さを褒める必要があります。以下の手順でやっていきましょう。

ステップ1：一緒に家事をする機会をつくる
ステップ2：いつか彼が一人でもやってくれる日がくる
ステップ3：彼の能力を褒める

ステップ1：一緒に家事をする機会をつくる

最初は彼単独ではなくて、一緒にやるので構いません。特に彼が家事をやったことがない場合などは、まずは一緒にやることで、家事のやり方を見せてあげましょう。

とりわけ新婚の時などは、何をしても遊びの延長のように楽しい時期だと思いますので、「一緒にお掃除の時間だよ」とか「今からお料理教室を始めます」と遊びに誘うように家事に誘導しましょう。

直接一緒に家事をしようと誘ってものってきてくれない場合は、自然と一緒にやるように仕向ける方法もあります。会話をしながら、その延長で一緒に家事をする状況をつくり出すのです。

例えば、食事が終わった後、会話をしながらお皿をキッチンに持っていって、キッチンから彼に「ちょっとそこのお皿もこっちに持ってきてくれない？」と頼みます。そのくらいならどんな男性もやってくれるはずなので、持ってきてくれることでしょう。

そのまま会話を続けていると、彼は無視して帰るわけにもいかないので、あなたがお皿を洗っている横でしゃべりながら、「何か手伝った方がいいかな」という気持ちになるかもしれません。その時に「そのふきんとってー」とか「これ、そこに置いてくれる？」と言えば、手を貸してくれるはずです。そうしたら、しゃべりながら一緒にお皿洗いをすることになりますよね。

「一緒にお皿洗いしてよ」と言うと、拒否反応を示す男性はいるかもしれませんが、こうやってしゃべりながら自然にやる状況をつくり出せば、嫌がる男性はいないはずです。これを繰り返していくうちに、彼はここに洗剤がある、お皿はここにしまう、と学んでいきます。遊びの延長、会話をしながら、一緒に家事をする、というのは、女性が日常生活の中で上手に誘導してくださいね。

ステップ2：いつか彼が一人でもやってくれる日がくる

何度か一緒に家事をすると、彼もやり方を覚えるので、そのうちに、何かのきっかけで彼が一人でもやってくれる日がやってきます。1か月後かもしれないし、1年後かもしれないし、いつになるかはわからないけれど、やってくれる日を待ってください。そうやって彼がやってくれた時には次の方法で褒めてください。

ステップ3：彼の能力を褒める

彼が一人でやってくれた家事を見て、やってくれたお礼にプラスして、彼の能力や彼が工夫したことを具体的に褒めるようにしましょう。

例えば、彼がお風呂掃除をしてくれた場合。

「お風呂掃除しといたよ」と言われたら、必ずお風呂場まで見に行って、彼の能力を褒めるところを探します。「ここのカビまで落とせたの？ すごい、私がやってもこんなにきれいにならないよ。ありがとう！」と自分ではできなかったことを褒めると、「俺は風呂掃除がうまいからな」といい気分になれます。その結果、「能力の高い自分が誇らしくて好き」だから、またやってあげたくなります。

こんなふうに、私はできないのに、こんなことができるあなたはすごい、こんな工夫ができるあなたはすごい、と褒めることで、男性は自信をつけていきます。ぜひ上手に褒めて自信をつけてもらい、得意だからまたやろうかなという気持ちにさせて、彼がやってくれる機会を増やしてください。そして、やってくれるたびにしっかり褒めてくださいね。

この逆をやってしまうと大変です！

「ありがとう、でもここのカビは落ちてないわね」とか、「ここはもっときれいにできるでしょ」とダメ出ししてしまうと、「あぁ、どうせ俺は風呂掃除が苦手だよ」とすねてしまい、やってくれなくなってしまいます。

なお、どうしてもステップ2の一人でやる、ということをやってくれない男性の場合は、一緒にやっている時の彼の行動を見て褒めるのでも構いません。例えば、一緒にお皿洗いをしている時に、彼がさっさとお皿を拭いてくれていたら「もう片づけてくれたの？　ありがとう！　ほんと、なんでも仕事が早いよね」と褒めます。そうしたら、「俺はお皿を拭くの早いからな」という自己評価になって、一人でやってくれるようになるかもしれません。

以上の1～3のステップで褒めるようにしていくと、多くの男性は家事をやってくれるようになります。自分が得意な家事、好きな家事だったら、日常的に彼の担当のようになっていく場合もあります。男性は平日は頭が完全に仕事に集中してしまうので、切り替えて家事をやることができない人もいますが、休日に何かしらの家事をやってほしい、くらいの要望でしたら、この方法でほとんどの場合はうまくいくはずです。

家事のせいで妻がイライラしたり疲れ切っているのを見るのは、夫にとってもつらいことです。俺は妻を幸せにできていない、と悲しくなります。家事を手伝うことで、妻が笑顔で幸せに生きている方が嬉しいし、そうできる自分が誇らしいのです。

Lesson 25

まずは自分を整えること

ここまでを読んで、「溺愛される褒め方」とは何なのかということは理解していただけたかと思います。そして、わかったと思います。

「溺愛される褒め方」って面倒くさいですよね⁉

相手の話を聞き流して、「すごーい」って言ってる方がずっとずっとラクなんですよ！


ちゃんと相手の話を理解して、的確な質問をしながらどう褒めるか考えるって、正直めちゃくちゃ面倒くさいです。頭も使うし、片手間ではできません。ずっとこの姿勢で褒めようとしたら、ぐったりしちゃいます。

なので、**褒める時間と気楽におしゃべりする時間はバランスよく。目安としては、褒められたいツボを探すことは、30分もやれば十分です。**

30分だけ溺愛される褒め方を意識して、掘り下げて質問し、具体的に褒めていけば、あとは美味しくごはんを食べよう、というつもりで大丈夫です。30分だけでもこの褒め方をすると、相手の男性は十分満足してくれるはずです。

もしも、「30分でも面倒くさい……」と思うようでしたら、それはあなたが疲れているのです。

溺愛される褒め方は、自分が元気でなければできません。

褒める前に、まずは疲れている自分を癒やしてあげましょう。自分を満たすことに全力を注ぎ、自分を幸せな状態にして整えた後で、余力があったら褒めればいいのです。

Column
3

家族編

照れずに、よいところを見つけたら伝える

友達よりもパートナーよりも、実は褒めるのが一番難しいのが家族です。直接口に出して褒めるのは、照れくさかったりしますよね。でも、その照れくささを超えて家族を褒めると、家の中がほっとした空間になるし、あなたが褒めることで、相手も褒め上手になっていきます。

家族の中でも最優先で褒める対象は、母親です。お母さんが満たされた幸せな状態でいると、家族全体がよい雰囲気になります。普段当たり前にやってもらっていることを具体的に褒めて、お母さんのよいところや頑張りを理解していることを伝えましょう。

「やっぱり実家って落ち着くなぁ。お母さんの料理食べるとほっとする」

「うちっていつも整頓されているから気持ちいい」

また、義理の家族を褒める時も、やっぱり最優先で褒めるべきは義母です。そして、義母が褒められて嬉しいのは、何よりも息子（夫）に関すること！

〈義母を褒める〉

「○○さん（夫）は、お義母さんの筑前煮が大好きなんですよ。今度作り方を教えてください」

「○○さん（夫）がこんなに努力家なのは、お義母さんの教育の賜物ですね」

Chapter 1

つまずきがちなポイント 乗り越えるコツ

＊＊＊

男性心理を理解して、一生溺愛され続ける

Lesson 26

〝ハイスペ男子〟を褒める時に絶対やってはいけないこと

いかにも褒められることが多そうな高学歴や一流企業勤務のハイスペックな男性、いわゆる〝ハイスペ男子〟を褒める時に、絶対にやってはいけないことがあります。それは、褒める時に自虐的な言葉を付け足すこと！卑屈になったり、自虐したり、しないでください。

♥「東大卒なんてすごいですね！私なんてバカだから」
♥「アメリカに駐在してたんですか？すごいですね！私、英語全然しゃべれないから〜」

こんなふうに言われると、相手の男性は反射的に「フォローしなきゃ！」という気持ちになります。「いやいや、そんなことないよ」とか、「俺だってたいして英語しゃべれなくて苦労したよ」とか返さなきゃいけなくなってしまいます。その結果、相手は褒められて嬉しいという気持ちよりも、「フォローしなきゃ」という気持ちが勝ってしまって、全然いい気持ちになれません。余計なひと言がなければ、「ありがとう」で済んだのに！

今これを読んでいる方は、私はそんなことしない、と思うかもしれませんが、私は東大の友達などハイスペ男子と一緒にいる時に、よくこういう女子を目撃します。男性がすごすぎたり、かっこよかったりすると、ついつい舞い上がって大げさに褒めたり、すごいということを強調したくなってしまうのかもしれません。これを言っている女性はたいてい、相手を心からすごいと思って言っているのがわかるのですが、言われた方の男性は得てして気まずそうに「そんなことないよ」ともごもご答えています。

せっかく心から褒めているのに、これではもったいないです。必要以上にあがめすぎたり、下から褒めたりしないでくださいね。**その男性と付き合いたい、対等なパートナーシップを築きたい時に、あなたはこんなにすごいのに私はダメと自分を下に置いて、上下関係をつくってしまうと、付き合うことはできません。**

男性の立場になって考えた時に、そんなの嫌ですよね？　そうやって、私はこんなだけど、と言ってくる卑屈な女性を一生懸命に口説き落としたいと思いますか？　自分に自信がある男性だったら、わざわざそんな卑屈な女性を追いかけたいとは思いません。そういう卑屈な態度は1ミリも見せないでください。

これは対男性に限らず、女性同士の会話でも同じですね。

♥「○○ちゃんて、ほんとスタイルいいよね！　私なんてデブだから」
♥「○○ちゃんのネイルかわいい。女子力高い！　私ネイルどころかささくれだらけだわ」

こういうふうに自虐の言葉を言ってしまうと、相手に余計な気を使わせてしまいます。せっかく褒めても、フォローする方に気を取らせてしまい、全然褒められた喜びをプレゼントできないのです。そういう女性、周りにいませんか？ 本人に悪気はないのかもしれませんが、やたら自虐したり卑屈な発言をされると、周囲はフォローしなきゃいけなくなって、面倒くさいなと思ったりします。周囲の人にそんな余計な負担をかけさせないでください。

ただ相手を褒める言葉だけをさらっと伝えて、褒められたいい気分をじんわり味わってもらいましょう。そうやって周囲にいい気分だけを与えることができる女性が溺愛されるのです。

「あなたはこんなにすごいけど、私は全然ダメ」というふうに自虐しながら褒めるのは、絶対にやめてくださいね！ シンプルに「あなたのこういうところ、すごいです」でいいのです。

Lesson 27

〝ハイスペ男子〟はこう褒める

高学歴、高収入、そのうえイケメンな〝ハイスペ男子〟を褒める時には、ちょっとしたコツがいります。わかりやすく褒めたくなるポイントがある男性ほど、実は注意が必要です。

例えば十人中十人がイケメンだと言うような整った顔立ちの男性に対して「イケメンですね」と言っても、あまり喜ばれません。むしろよく言われすぎて、全く効果がないです。しょちゅう褒められていることを褒めても、「俺のことをわかってくれている！」とは思わないのです。

それよりも、人から言われ慣れていないことを見つけて褒めるようにしましょう。例えば、**そのイケメンに対して、わざと外見には全く触れずに、内面的なことを褒めるのです。イケメンという言葉を封印しましょう。**

もちろん内面を褒めるためには、彼の内面を知る必要があります。レッスン11で述べたように魔法の質問文を使いながら、彼にたくさん話してもらって、彼の価値観でも考え方でも、内面のかっこよさを褒めましょう。

さらに効果的なのは、彼のちょっとかっこ悪いところやちょっとダメな部分を褒めることです。

もしも彼がちょっとした失敗談とか、ダメな部分をぽろっと言ったら、「○○さんでもそんなところがあるなんて意外ですね。かわいい」とか、「ふふっ、○○さんがそんなこと言うなんて、親近感湧きます。素直で素敵です」と意外性を褒めるのです。

何もかもが完璧に見える男性は、完璧でなければならないという気持ちが人一倍強かったから、今、完璧な部分を人に見せているのです。そんなふうに完璧であらねばと気が張っていた男性が完璧じゃない部分を女性に受け入れてもらえると、安心し、自分のことを理解してくれたという気持ちになれるのです。その結果、仲良くなれます。

さらに、相手のダメな部分や意外性を受け入れて褒めると、女性としての柔らかさや包容力が垣間見えて、魅力的に映ったりするのです。

あるクライアントさんは、外資系金融男子と出会う機会があり、今まで聞いたこともないような輝かしいハイスペックぶりに、初めは場違いな気分でいたのですが、たまたま共通のマイナーなスポーツの経験があることがわかりました。その話で盛り上がった際に、彼の失敗談を「○○さんでもそんな失敗しちゃうのかわいいですね。仲良くなれそうな気がする」と言ったら、急に彼が照れだして、その後デートに誘われたそうです。

完璧なハイスペ男子だからこそ、完璧な部分は褒められ慣れているので、完璧じゃないところを見つけて褒めた時に、「本当の俺のことをわかってく

れた」と思って、ぐっと距離が縮まったのです。

また、別のクライアントさんは、婚活女子ならば目の色を変えそうな一流企業に勤める高身長イケメン男性とデートした際に、彼女自身は必ずしもその会社名に興味がなく、そのことには触れませんでした。

一方で、彼が室温を気にしてくれたり、飲み物を気遣ってくれたりといったような些細な気の利く行動を褒めたら、彼がとても得意げになって、その後もデートのたびにせっせと世話を焼いてくれるようになったそうです。「スペックではなくて、自分のよいところを見抜いてくれた」という気持ちになったのでしょう。

完璧に見えるハイスペ男子ほど、完璧ではない部分を見つけ出して褒めたり、彼のさりげない行動を褒めたりすると、嬉しかったりするのです。外見とか職業とか学歴とかそういう表面的なことを褒めるのではなくて、あなたのこういう考え方を素敵だと思っていますよ、と他の人が気づかないような内面を具体的に褒めるようにしましょう。

そして、そんなダメな部分だったり、内面的な話を思わず素直に話したくなるような雰囲気づくりをしてくださいね。興味を持って聞いているのが伝わるようにリアクションするのはもちろん、相手が心を開けるようにあなたも素直な気持ちや言葉を伝えて、内面を深く知る会話をしていくようにしましょう。

Lesson 28

褒めても受け取らない〝こじらせ系男子〟の生態

「溺愛される褒め方」を実践するうえで、せっかく褒めても「俺なんて全然」「たいしたことないよ」と謙遜して受け取ってくれない、嬉しそうじゃない、という男性に出会ったことはありませんか？

いわゆる〝こじらせ系男子〟です。

こじらせ系男子とは、自己評価が低くて、女性がどんなに褒めても、謙遜したり否定したりして、全然受け取らない人のことです。

Point

《こじらせ系男子》

・自己評価が低くて、褒めても全然受け取らない人

♥「褒めても『そんなことないよ』で会話が終わってしまって、どうしていいかわからない」

♥「本当にいいと思って褒めたのに、『俺なんて全然たいしたことないよ』と言って、何度褒めても全然受け取ってくれないんです」

そんな声をクライアントさんからよく聞きます。特に理系独身男子でその割合が高いようです。

褒めても反応が薄くて、喜んでいるのか喜んでいないのかわからず、会話も盛り上がらないから困ってしまう。そういう男性に慣れていない女性だ

と、「私に気がないのかな?」と諦めてしまったりします。

特にここ数年、こういった声はますます増えていて、昨今の日本はこじらせ系男子ばかりなのかと疑いたくなるほどです。そういうこじらせ系男子を褒めることは不可能なのでしょうか?

不可能ではありませんが、褒め方にはコツがいります。

こじらせ系男子を褒める時は、本人が自分ですごいと思っていないことを褒めても、全く受け取ってくれないことに注意する必要があります。

褒めても受け取らない場合は、そこは彼にとっての自慢ポイントではないのかもしれません。

学歴を褒めても受け取らない時は、そこを本人はすごいと思っていないのかもしれません。本人にとっては普通だと思っているのです。なぜなら、大学時代は大学の友人はみんな同じ大学なわけだし、就職したら同じような学歴の人に囲まれているために、自分が特別すごいとは思えないわけです。「東大出身なんてすごいですね」と言われても、「まぁ東大は卒業しているけれども、それが何か？」なんて気持ちになってしまうんですね。

職業を褒めても受け取らない時は、その職業は彼にとって当たり前の選択肢で、特に難易度が高いとか就職するのが難しいという印象がないのかもしれません。

例えば、研究所に勤務している理系男子の場合、同級生たちは当たり前に研究職に就いているので、研究職が特別なものだとは思っていないのです。だから、「研究所に勤務されているなんてすごいですね！」と言われても、周りの友人はみんなそうだしなぁ、としか思えず、特に嬉しくもなんともないわけです。

むしろ、研究所に勤務している同僚や先輩に比べて、自分はまだまだだと思っている場合は、「全然そんなことないよ」と全力で否定してくるわけです。

というわけで、こじらせ系男子を褒めても受け取らない時は、その褒められ方だと自分では全くすごいと思っていないから、受け取らないわけです。

では、こういうこじらせ系男子を褒めたい時は、どんなふうに褒めればよいでしょうか？

Lesson 29

〝こじらせ系男子〟の褒め方

レッスン28で、〝こじらせ系男子〟は、本人が自分ですごいと思っていないことを褒めても、全く受け取ってくれないという話をしました。つまり、逆に言えば、彼が自分ですごいと思っているポイントならば、褒めたら受け取ってくれるのです！

自信がない男性だったとしても、1つくらいは自分で自信を持っているポイントがあるはずです。そこが褒めてほしいツボなので、会話の中で探して、「溺愛される褒め方」をすればいいわけです。

Point

《こじらせ系男子の褒め方》

・本人が自信を持っているところを探して、具体的に褒める

褒められたいツボは、男性によって千差万別。その人にとっての褒められたいツボはどこなのか、を探すしかないです。会話の中でいろいろな話題を出して、「ここが褒められたいツボかな？ ここも違うのかな？」とぽんぽん投げかけてみましょう。褒めても受け取らなかったり、反応がいまいちな時は、そこじゃないのかなと判断して、別の視点で探しましょう。

「これかな〜？ これも違うのかな〜？」とゲーム感覚で投げてみると、自分も楽しいので、気負わずやってみてくださいね。

内面を知ろう、褒められたいツボを見つけよう、と質問しながら会話をしていくと、お互い楽しく会話ができます。相手を理解しようと相手に興味を持って話を聞くと、しゃべっている方も気分がのって、楽しい雰囲気になるので仲良くなりやすいからです。

ちなみに、褒めたポイントが間違っていて「そんなことないよ」と否定されたとしても、褒めてくれたという感触は残るので、マイナスにはなりません。間違ったポイントを何度も何度もしつこく褒めたらうっとうしくなるかもしれませんが、さまざまなポイントをぽんぽん褒めるぶんには大丈夫です。遠慮なくいろんな視点から褒めてみてください。

褒める際は、仕事、趣味、そして友人関係の3つを中心にいろいろと褒めてみるのがおすすめです。どんなに自信がないこじらせ系男子でも、この中のどれかは自信があることが多いです。もちろん、ただ「お仕事は何をしているんですか?」と聞くのではなくて、内面を知ることができるように、

「どうしてその仕事を選んだんですか？」「どんな瞬間が楽しいですか？」「でも苦労も多いんじゃないですか？」とか質問してみてくださいね。

仕事を褒めてみても反応がいまいちだなと思う場合は、趣味について聞いてみましょう。それでも反応がいまいちな場合は、普段どういう友人と遊んでいるのか、その中でどんなキャラなのかなどを聞いてみると饒舌《じょうぜつ》になるかもしれません。

なお、極度のこじらせ系男子の場合、ぶすっとした態度、つっけんどんな返答に心配になるかもしれませんが、彼らはそういう会話の仕方が平常運転なので、気にしないでください。嫌われているわけではないです。

こういうこじらせ系男子を気持ちよくしゃべらせて褒めるのは難しいし、手間がかかります。そこを頑張って、褒められたいツボを見つけようと会話し、そこで見事褒められたいツボを見つけて褒めてあげると、「本当の俺をわかってくれるのは、この子だけだ！」と思ってくれます。一度その状態になった男性は、ずーっとそう思ってくれる可能性が高く、溺愛につながりやすいです。

あるクライアントさんは、高学歴の理系男子とはいまいち会話が盛り上がらないのが悩みでした。けれど、「溺愛される褒め方」を復習してからデートに臨んだら、いい感じに褒めることができ、相手からたくさん話してくれたそうです。上手に褒められると、男性も饒舌になって、本来のよさを引き出すことができるのです。

また、あるクライアントさんは、自信がなさそうでなかなかデートに誘ってこなかったこじらせ系男子をデートでもＬＩＮＥでもたくさん褒めたところ、２回目以降のデートは彼の方から積極的に誘ってくれたそうです。そして、断られないという安心感からか、誘い方も「一緒に行く?」と控えめに問いかけていたのが、「今度行こう」と自信を持って誘うように変化したそうです。

このように、「溺愛される褒め方」で、男性は自信をつけていきます。褒める目的は、その場でいい気持ちにさせる、次のデートに誘ってもらう、という短期的な目標だけではありません。長期的な目標は、褒めることで男性に自信をつけてもらい、もっと頑張ろうという気持ちになってもらうことで、男性として成長してもらうことです。

そうやって褒めることで、仕事を頑張れたり、年収が上がったり、新しいことに挑戦できたりと変化することができたら、男性も「俺をここまでしてくれたのは彼女だ」と感謝して、一生大事にしてくれるのです。

男性にとっても、女性にとっても、いいことしかないですね。

Lesson 30

意外と簡単！
結婚後も「溺愛され続ける褒め方」

付き合った後、結婚した後も「溺愛され続ける褒め方」は、実は、とても簡単です。「すごい」「えらい」「かっこいい」という単純な褒め方でよいのです。具体的に褒めなければ、褒められたいツボを探さなければ、と難しく考える必要はありません。

なぜ「溺愛される褒め方」をする必要がないかというと、溺愛される褒め方で具体的に褒める目的は、「俺のことをわかってくれている」と思ってもらうためでしたよね。プロポーズした男性は、「俺のことをわかってくれるのは彼女しかいない！」と思ったからこそ、プロポーズしたのです。自分のことを深く理解してくれている愛する女性に、「すごいね」と微笑まれるだけで、幸せな気持ちになってパワーがみなぎるのが男性の性質なのです。つまり、すでに溺愛してくれている男性ならば、単純な褒め方でも十分幸せなので、「溺愛される褒め方」をする必要性はないのです。

ただし、褒める頻度は大切です。

付き合ってから、または結婚してから、彼が前ほどいろいろとやってくれなくなったな、頑張ってくれなくなったな、という時は、まず間違いなく感謝と褒めが足りない時です。

レッスン19でも述べたように、女性からの感謝と褒めは男性にとってのガソリンです。ガソリンは1回入れたら終わりではなくて、定期的に入れる必要がありますよね? どんなに高性能な車も、ガソリンがなければ走れません。車の性能を疑う前に、自分はちゃんとガソリンを入れているか、自分の行動を振り返ってみてくださいね。

私も以前は「あれっ？　故障かな？　最近調子悪くない？」と車のせいにしがちでしたが、冷静に振り返ってみたら自分がガソリンを入れていなかっただけ、ということがよくありました。男性にとってみれば、褒めてもらえないうえに責められるって、迷惑な話ですよね。ゴメンナサイ。

結婚生活において、自分の褒める頻度は足りているのか、と振り返る際は、「昨日は何回褒めたかな？」と数えてみてください。朝起きてこんな会話したな、とか、いってらっしゃいの際にスーツ姿を褒めたな、とか、寝る前にこんなふうに家事のお礼を伝えたな、とか、１日の会話を振り返りながら褒めた回数を数えてくださいね。

まさか「1回も褒めていなかった」なんてことはありませんよね⁉　**最低でも毎日1回は褒めてくださいね。**仕事でヘトヘトで帰ってきても、愛する妻に褒められたら、仕事の疲れも吹っ飛んで、翌日からも元気よく働くことができるのです。妻としても、疲れ切った夫を見るよりも、褒め言葉をプレゼントすることで夫に生き生き働いてもらって、ついでにその勢いで家事も手伝ってもらった方が自分も幸せではないでしょうか。

お互いに仕事が多忙で、ほとんど会話をする時間がない、という方も、1日5分でもいいから会話をする時間を捻出して、1つは褒めてください。「今日も遅くまで働いてえらいね」だけでもいいのです。多忙だからこそ、パワーをもらえる褒め言葉が必要なのです。

結婚生活で毎日褒める際の注意点は、必死に褒めると重たくなってしまうので、あくまでさりげなく、さらりと褒めるということです。「あなたってすごい！ ○○だし、○○もできるし、○○だなんて最高！ こんな人他にいないわ！」のように褒めると、大げさすぎてちょっとわざとらしいですよね。普段からオーバーリアクションな女性をのぞいて、この調子で毎日褒めるのは、なかなか厳しいものがあるかと思います。

それよりも大切なのは、**何かを「やってくれた直後」に忘れずに褒めることです。日常の些細なことほど、タイミングよく毎回褒めることで、ますますやってくれるようになります。**

逆に、「共働きなんだから、家事は分担すべき！　このくらいやって当然！」と思って、感謝や褒めを出し惜しみすると、彼はやりがいを感じなくなって、やってくれなくなってしまいますので気をつけてくださいね。

Lesson 31

シーン別「溺愛される夫の褒め方」

「そう言われても、毎日褒めることなんて特にないわ」という奥様のために、ご主人を日常で褒める場面を具体的にあげました。それぞれの場面でどんなふうに褒めればよいか、一緒に考えていきましょう。

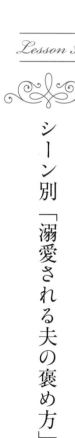

微笑みながら「ありがとう＋すごい」だけでも十分ですが、せっかくなので解答例として具体的に褒める言葉や言い回しも考えてみましたので、よかったら抵抗のないものから使ってみてくださいね。

「こんなのあざとくて言いたくない」とか、「今さら褒めるなんて」という気持ちになる方もいるかもしれませんが、褒めて損することはありませんんから！　もしも今、夫婦関係が自分の理想の形ではないのならば、何か行動を変える必要があります。現在ご主人に不満が噴出している方は、褒めることに心理的な抵抗があるかもしれませんが、まずは心がこもっていなくてもいいので、この台詞のまま、言ってみてくださいね。

①　仕事から帰ってきた夫を褒める

ご主人が仕事から帰ってきたら、必ず玄関まで行って「おかえりなさい」と出迎えることを習慣にしていますか？　仕事でヘトヘトに疲れて帰ってきた時に奥様の明るい笑顔を見られたら、疲れも吹き飛ぶ、という男性は多いです。さらにプラスして、労りの言葉もかけてもらえたら、ほっとした気持ちになります。もしその日の彼の予定を把握していたら、それもふまえて褒めるようにすると、より仕事を応援している気持ちが伝わります。ますます張り切って働いてくれるようになるでしょう。

▼例題

夫が仕事から帰ってきた際、おかえりなさいの他にどんな言葉をかけますか?

▼解答例

「遅くまで頑張ってえらいね!」

「毎日遅くまでお疲れさま。あなたって本当にタフですごい!」

「早く帰ってきてくれて嬉しい! 効率的に仕事終わらせてすごいね」

「仕事帰りにジムへ行ってきたの!? 筋トレも継続して頑張っていて、かっこいい!」

「出張のお土産買ってきてくれたの!? 優しいね」

② 家事をやってくれた夫を褒める

日常生活でつい感謝を忘れてしまいがちだけれども、忘れてしまえば如実《にょじつ》にやってくれなくなってしまうのが、家事です。小さなことでも、毎回忘れずに感謝して褒めてくださいね。

特に、頼んでいなかったのに自ら気づいてやってくれた時には、それに気づいた瞬間、すぐに褒めてください。そうすると、いちいち頼まずとも進んで家事をやってくれるようになるので、働く女性の強い味方になってくれます。頼んでも家事をやってくれない、という方はレッスン24の「男性に家事をやってもらえる褒め方」を参考にしてくださいね。

▼例題

今やってほしい家事を1つ思い浮かべてください。それをやってくれた時に

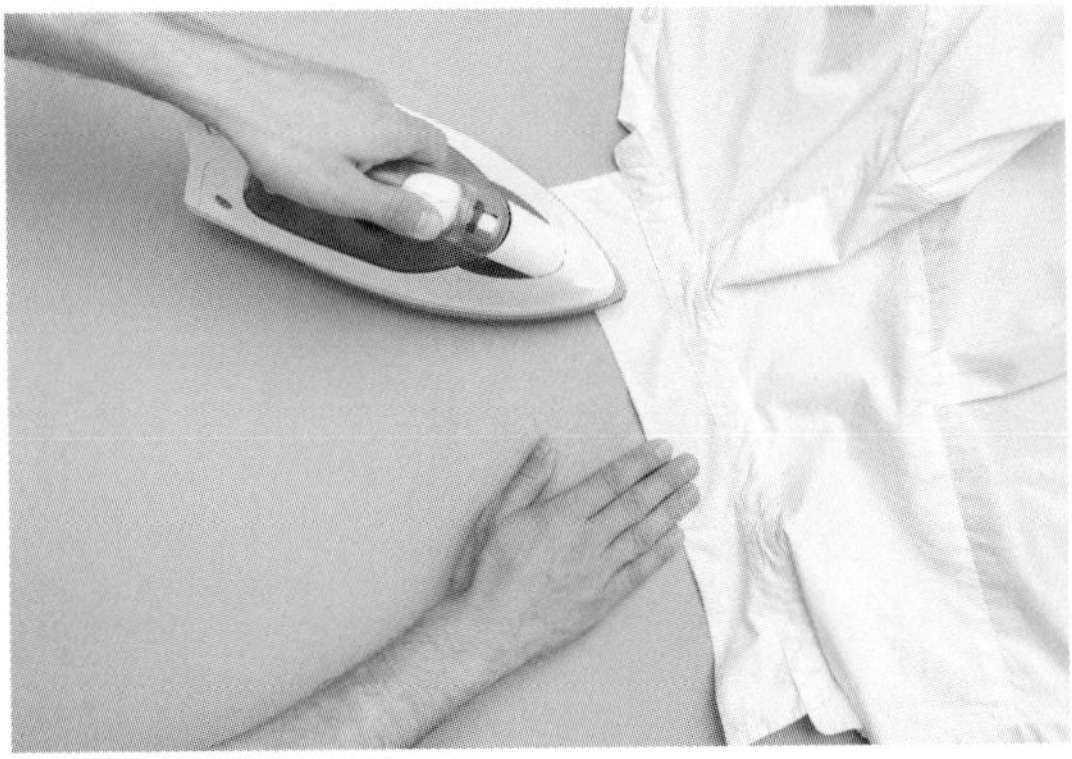

どんなふうに褒めますか？

▼解答例

「ささっとアイロンがけできる男ってかっこいい！」

「電球を取り換えてくれたんだね！ いつもすぐに気づいてくれてありがとう」

「シャンプーを補充してくれてありがとう！ あなたって気が利くから助かるわ」

「洗濯物を取り込んでくれてありがとう。雨が降り始めたのすぐに気づいてすごい」

「お風呂掃除してくれてありがとう。私がやるよりもピカピカだね」

「お夕飯つくってくれてありがとう！ 盛

りつけまで凝ってていて、お店で食べるみたい！」
「雨の中、買い物に行ってくれてありがとう。本当に優しいね」

③ プレゼントしてくれた夫を褒める

ご主人に溺愛されると、あなたが喜びそうなプレゼントをサプライズで買ってきてくれることが増えるはずです。ただし、そのプレゼントが必ずしも嬉しいものではない場合もあるでしょう。

例えば、ケーキを買って帰ってきてくれたけれど、そのケーキは甘すぎて好きではない場合。つい反射的に「またそれ買ってきたの？ そのケーキは好きじゃないって言ったじゃん」なんて言いたくなるかもしれませんが、それを言ってしまうと、そのケーキだけではなく、他のお菓子も二度と買ってくれなくなるかもしれません。

せっかく買ってくれたものを否定する言葉は厳禁です。

だからといって、嬉しくもないものを嘘をついて褒めたり喜ぶ必要はありません。あまり嬉しくないものを買ってきた時はお礼だけ淡泊に伝えて特に褒めず、本当に嬉しいものを買ってきてくれた時には思いっ切り褒めるようにすれば、そのコントラストで本当に嬉しいものは何かが伝わります。

人の好意をむげにはせず、でも、嬉しいものはわかりやすく褒めることで、本当に欲しいものだけをちゃっかり受け取れるようになるのです。

▼例題

夫がサプライズでプレゼントを買ってきてくれました。本当に嬉しいものだったら、どんなふうに褒めますか？　受け取った直後でも、実際に使ってみた後でも、嬉しいことが伝わるように褒めてみましょう。

▼解答例

「あなたが買ってくれた掃除機、とっても使いやすくて家事がラクになったわ」

「〇〇の機能がすごいね！　家電を調べるのが得意だよね」

「このあいだ買ってきてくれた生ハム、すごく美味しかった！　美味しいもの見つける天才だね」

「これ大好きなお菓子！ たくさん種類があるのに、私の好きなお菓子を買ってきてくれるなんて、すごい！」

「これ欲しかったの！ 私の考えていることよくわかるね！ すごい！」

④ 夫の友人や知人の前で夫を褒める

ニューヨーカーは人前でパートナーのことを堂々と褒めます。例えば、ご主人の知人に夫のセンスを褒められたら、素直に「ありがとう」と言ったり、「そうなの、このあいだもパーティーの飾りつけをしてくれたのよ」と、さらにエピソードを重ねて褒めたりします。

一方、日本では謙遜が美徳という文化があるからか、ご主人が人から褒められても否定したり、場合によってははけなすような発言をする奥様もいますよね。その時の男性のがっかりした顔！ もうちょっと褒めてあげてもいい

のではないかと、他人事ながら心配になります。
「人前で夫を褒めるなんて！」と思うかもしれません。確かに親しい間柄ではない人に、延々とパートナーの自慢話をしたり、聞かれてもいないのにのろけ話をしたら、うんざりされるかもしれません。
　そんな時に便利なのが、「意外と」という言葉をつけて褒めることです。人からご主人を褒められた時に、「そうなんです、意外と○○なんです」と返すと、嫌みなく褒めることができます。

▼例題

もしも夫のよいところを人から褒められたら、どんなふうに返しますか？

「意外と」という言葉を使って答えてみましょう。

▼解答例

「そうなんです、意外と優しいんです」

「こう見えて、意外と家事をやってくれるんですよ」

「意外とイクメンで助かってます」

「意外と料理上手で、このあいだも◯◯を作ってくれたんです」

5 LINEやメールで夫を褒める

もしも出張や別居婚などで一緒にいられない時は、LINEやメールなどで褒めることも可能です。LINEで褒める時のポイントは、重くならない

ように簡潔に褒めることです。長文でくどくどと褒めても、男性は文字から感情を読み取るのが苦手な人も多いので、あまり気持ちは伝わりません。
それよりもおすすめなのは、女性らしいかわいいＬＩＮＥスタンプで褒めることです。シュールな絵柄やウケ狙いのものは友達に送るのはいいですが、パートナーにはやめておきましょう。うさぎやぺんぎんなどのかわいい動物が褒めたり励ましてくれるようなスタンプがおすすめです。受け取った男性もほっこりした気持ちになって癒されます。

▼例題
朝、彼から「ミーティングのために早起きつらいよ〜」というLINEが来た時に、どうやって褒めますか？

▼解答例
「ちゃんと起きてえらい！」

「早起き頑張ったね！」

「ミーティングの準備、頑張ってたもんね！応援してる♡」

「（えらい！頑張って！などのスタンプ）」


男性から少しネガティブなLINEが来たら、メッセージを送る以外にも、かわいく励ますスタンプを送ってあげたら、少しポジティブな気持ちをプレゼントできます。単純なスタンプでも十分応援する気持ちや労わる気持ちが伝わって、男性は頑張れるのです。

以上、シーン別の「溺愛される夫の褒め方」でした。

例題を通して、普段当たり前にやってくれていたことでも、褒めるポイントがたくさんあることに気づけたと思います。

褒め言葉は男性にとってのガソリンです。あなたが褒めれば褒めるほど、ご主人は自信をつけていきます。そして、彼のできる範囲が広がって、結果的にあなたの幸せも拡大していきます。

ぜひ照れやプライドに邪魔されずに、ご主人に毎日褒め言葉と自信をプレゼントしてくださいね。

Lesson 32

「溺愛される褒め方」Q&A

Q：急に褒めたりしたら変に思われないでしょうか？

A：思われません。「今日はやけに素直だな」と思うだけです。仮に彼が「急にどうしたんだろう？」と感じたとしても、何回か褒めていくうちに、すぐに慣れていきます。

万が一、「今日はどうしたの？」とか「急に褒めちゃって、何か目的があるの？」などと言われた時は、「前から思ってたけど、口に出してなかっただけだよ～」と笑顔で答えれば大丈夫です。

Q：後から気づくけれども、その場ですぐ褒められないことが多いです。

A：うまくその場で褒められなかった時は、家に帰ってから一人反省会をしましょう。一緒にいた時間を振り返って、「ここ褒められたなぁ」という部分に気づいたら、「じゃあどうやって褒めたらよかったんだろう？」と冷静に時間をかけて、褒める台詞まで考えるのです。そうやって台詞まで考えると、全く同じ状況になった時に、きっと次は言えるはずです。

デートの中で話すことは、似た状況、話題になることが多いので、ドリルをやる感覚で、こういう時はこう言えばいいな、というのを考える練習をして、台詞を自分の中に溜《た》めていきましょう。

Q：どうやって褒めたらいいかわかりません。

A：すごいなと思うポイントがあったら、自分だったらできるかな？と考えてみましょう。それで、自分だったらできないな、とか、大変だなと思うポイントに気がついたら、そこを素直に褒めてみましょう。

例えば、仕事の後に学校に通っている男性。まず、自分だったらできるか?と考えた時に、体力的にできないなと気がついたら、そこを褒めます。「私は仕事に行くだけでも疲れちゃうのに、そうやって仕事の後、学校へ行くなんて、エネルギッシュだね。体力あってすごいね」

褒められたいツボかどうかを考えすぎずに、はずしてもいいから、自分がすごいなと思うところを自分の言葉で素直に褒めてくださいね。

Q:彼にすぐダメ出しをしてしまいます。

A:もしもうっかりダメ出しをしてしまったら、その倍、何かしら褒めてください。人は、褒められた印象よりも、けなされた印象の方が強く残るので、一度ダメ出ししてしまったら、その2、3倍褒めてやっと帳消しになります。そして、ダメ出しする女性は、おそらく普段から彼に対して何かしらの不満を溜め込んでいるからそうなるのです。言わずに我慢するのではなく、「私はこうしたい」というのを日頃からしっかり彼に伝えてくださいね。

Special page

《巻末スペシャル》

「褒め方のさしすせそ」で恋愛の語彙力をアップ

＊＊＊

「いざ褒めたら、やっぱり『すごーい』と言ってしまう」

「褒めようと思っても、言い回しが思いつかなくて、結局褒められなかった」

そんな方に向けて「褒め言葉のさしすせそ」（さ＝さすが、し＝知らなかった、す＝すごい、せ＝センスいい、そ＝そうなんですね）を例にして、どんなふうに言い換えることができるかご紹介します。もちろん、一番大切なことは「俺のことをわかってくれている」と思ってもらうことです。より相手を理解していることが伝わるように、褒め言葉の語彙（ごい）を増やす手助けができればと思います。

さ 「さすが」を言い換える

頼りになる

「今日は○○してくれてありがとうございます。○○さんって本当に頼りになります」

何か役に立つ行動をしてくれたら、その行動に対してのお礼を言うだけではなくて、人として信頼していることも伝えましょう。人のために行動する人は、そうやって「人に頼られる自分」が誇らしいからやってくれるのです。

行動力がある

大きな成果をあげた人を褒める時は、結果を褒めるだけではなくて、相手が実際にした行動を具体的にあげたうえで、「○○したなんて、行動力がありますね」と褒めましょう。すると、表面的に結果だけを見ているのではなくて、頑張った過程も丸ごと認めてもらえた気持ちになります。

やっぱり○○さんは違う

ここは何よりも、「やっぱり」と言うのがポイントです。相手の能力が高いことを前提としたうえで、他の人にはできないことを成し遂げたということを褒めているので、プライドが高い男性ほど、「俺が他の人とは違うことをちゃんと理解してくれているんだな」と嬉しくなります。

し

「知らなかった」を言い換える

教えてもらえてよかった

何かを教えてくれた時は、その情報がどう役立つかを具体的に伝えましょう。例えば、あなたが好きそうなお店がオープンすることを教えてくれたら、「それは今すぐ予約しなきゃ！ 教えてもらえてよかった」と伝えたら、相手は「情報通で役に立てた自分」を実感できて満たされた気持ちになります。

勉強になります

知識を披露したり、人に教えるのが好きな人を褒める時は、「へぇ〜知らなかった」と言うよりも、じっくり話を聞きましょう。興味津々で質問しながら話を聞いて、説明がわかりやすかった部分を具体的に褒め、「勉強になります」と言うと、相手も「勉強熱心で説明上手な自分」を理解してもらえて、鼻高々です。

詳しいんですね

実はちょっと知っていた時は、嘘をついて「知らなかった」と言うよりも、自分が知らなかった範囲を具体的にあげましょう。「○○はなんとなく聞いたことがあったのですが、○○だなんて知らなかったです。詳しいんですね」と言うと、相手のすごさを理解しているのが伝わります。

す

「すごい」を言い換える

タフだね

「今週は出張続きでヘトヘトだよ」のように男性が大変さをアピールをしてくる時は、大変だねと共感しても反応が薄いことが多いです。それよりも「そんなにヘトヘトになるまで出張をこなせてタフだね」といったように、頑張れる彼のすごさを褒めると、「俺が頑張っていることを理解してくれているなぁ」と思えます。

期待されている

「大きなプロジェクトのリーダーになったから大変でさ」のように、責任の重い仕事の大変さをアピールしてくる時は、そんな役割が嬉しい気持ちもあるのです。「大事なプロジェクトのリーダーを任されるなんて、期待されているんだね」と褒めると、「期待されている俺」が誇らしく、もっともっと頑張れます。

○○の天才

相手の突出した能力を具体的に指摘したうえで、「こういう状況で○○できるなんて、○○の天才だね」と冗談っぽく褒めると、「俺は○○の天才なのか」という認識になって、ますますその能力を発揮してくれます。例えば、「気配りの天才だね」と言われれば、彼は今後も張り切って気配りをしてくれます。

せ

「センスいい」を言い換える

○○なところがかっこいい

相手がこだわっているポイントがわかれば、そこを具体的に指摘したうえで褒めましょう。例えば、柄物のアイテムを使ってコーディネートすることにこだわりがある人に対して「派手な柄物を合わせているのに、統一感があるところがかっこいい」と褒めると、「俺のセンスをわかってくれた？」と嬉しくなります。

一味違う

相手が具体的にこだわっているポイントがわからない場合も、褒めることは可能です。センスを褒められたい人は、自分は普通の人とは違うと思われたい願望があります。「○○さんのコーディネートって一味違いますよね！」と、他とは何か違うことを理解しているという部分を伝えましょう。

似合っている

こだわりがあるのか、センスを褒められたいのか、わからない場合でも、あなたが「そのネクタイ似合っている」と思えば、それを素直に口に出してください。似合うかどうかは客観的に判断されるものなので、言われた人は「へぇ、俺はこういうネクタイが似合うのか」と新たな自分を知ることができます。

そ

「そうなんですね」を言い換える

尊敬します

相手の行動や考え方に対して、「○○できるなんて、尊敬します」「そうやって○○な時に○○と考えられるところ、尊敬します」と要約しつつ、具体的に褒めてみましょう。相手が大事にしていることや、相手の話をきちんと聞いて、それを理解したうえで褒めていることが彼に伝わります。

○○さんらしいですね

相手のよい行動を「○○さんらしい」と肯定すると、その人柄を褒めることになります。例えば、「そうやって部下の話もきちんと聞いたうえで優しくアドバイスしてあげるなんて、○○さんらしいですね」と褒めると、「部下にも優しい○○さん」と当然のように思っていることが伝わりますよね。

だから○○ですね

相手の行動や考え方を要約したうえで、「○○できるなんて、だからあなたは後輩に慕われているんですね」のように褒めれば、「後輩に慕われる○○さん」と認識していることを伝えられます。他にも、「だから信頼されているんですね」「だからモテるんですね」のように使うことができます。

Epilogue おわりに

最後まで読んでいただき、ありがとうございました。ここまで読み進めたあなたの頭の中には、たくさんの溺愛される褒め言葉がストックされたはずです。頭の中にあるその言葉、使わないと意味がないので、ぜひ褒め言葉のプレゼントをしてくださいね。

ノルマは5人ですよ！　5人の男性を褒めてくださいね。

そして、褒めた時の男性の反応をよくよく観察してください。得意げだったり、嬉しそうだったり、照れていたり。男性によって反応はさまざまだと思いますが、共通することがあります。

それは、褒められたことで、少し自信をつけたということ。

繰り返し褒められることで自信をつけた男性は、仕事をもっともっと頑張るかもしれないし、何か新しいことに挑戦するかもしれません。あなたの褒め言葉が彼の原動力になるのです。そして、女性としても人としても魅力的なあなたに感謝し、一生懸命尽くすようになります。どんな男性も、喉から手が出るほど欲しい「自信」をあなたが先にプレゼントするから、溺愛されるのです。

そして、自信って一度ついたら一生安泰というわけではなく、その自信が揺らぐことだってあります。そんな時、常に隣に自信を与えてくれる女性がいたら、一生一緒にいたい、と思うのではないでしょうか。

私の話をします。褒め方の研究を始めた当初は、褒めることで相手がいい気分になってくれたらいいな、という気軽な気持ちで褒めていました。しかし、「溺愛される褒め方」を確立し、感動したことがあります。

それは、褒めることで、相手の可能性を引き出すことができるということです。一見頼りなさそうな男性でも、繰り返し褒めることで、どんどん頼もしく成長していきます。一見ちゃらちゃらした男性でも、隠れたよい部分を理解して褒めることで、行動までも変わっていきます。他人は変えられないと言いますが、溺愛される褒め言葉は、魔法のように相手を変えることもできるのです。

この本を読んで、ただのテクニックだと思った方もいるかもしれません。自分が得するために褒めようと思った方もいるかもしれません。私はそれでもいいと思っています。どんな動機であれ、褒めることで少しでも男性に自信をつけてもらって、男として、人として、成長してもらえればいいと思うのです。この本を読んだ1000人の読者さんがノルマ5人を実践してくれたら、5000人の男性が褒められることになります。褒められて自信をつけた5000人の男性が張り切って仕事をしたら、大きな変化をもたらすと思いませんか？ そして、これを日本中の女性が行ったら、日本全体の生産性が上がると思いませんか？ そんな未来の第一歩として、まずはあなたが5人の男性を褒めてくださいね！

最後になりましたが、本書を出版するにあたり、企画してくださった八木麻里さん、編集を担当してくださった小澤由利子さん、SBクリエイティブの皆さま、ありがとうございました。また、「溺愛される褒め方」を実践した体験を共有してくださり、快く書籍化に協力してくださったクライアントの皆さまにも感謝しております。本当にありがとうございました。

「溺愛される褒め方」を実践することで、大好きな人にずっと溺愛され続ける、幸せな女性が増えますように。そして、大好きな女性を幸せにすることで、自信を持てる男性が増えますように。

2020年1月　ニューヨークにて　瀬里沢マリ

瀬里沢マリ｜Mari Serizawa
溺愛コンサルタント　薬学博士　脳科学者
1985年生まれ。東京都出身、ニューヨーク在住。
2013年に東京大学大学院薬学系研究科で博士号を取得後、渡米し、ニューヨークの脳科学研究所に勤務。その傍ら、独自に編み出した溺愛される方法を友人知人に教えているうちにクチコミが広がり、2015年より溺愛コンサルタントとして活動を開始。「高学歴女子の恋愛サロン in NY」というブログを運営し、のべ1500人以上に「理想の男性に溺愛される方法」をセミナーで教えたり、個別にアドバイスをしている。「溺愛される私になる3か月講座」では、受講生の3人に2人が3か月以内に結婚したいと思える理想の彼氏ができている。著書に『無理もしない 我慢もしないで愛される 溺愛理論』（評言社）、『どうしようもなく愛される女になる「溺愛理論」27のルール』（マガジンハウス）などがある。

大好きな人がずっと一緒にいたいと思う女《あなた》になれる。
褒め言葉の魔法

2020年2月25日　初版第1刷発行

著　者　瀬里沢マリ
発行者　小川 淳
発行所　SBクリエイティブ株式会社
〒106−0032 東京都港区六本木2−4−5
電話 03−5549−1201（営業部）

装　幀　白畠かおり
本文DTP　アーティザンカンパニー株式会社
写　真　shutterstock
編集担当　八木麻里、小澤由利子
印刷製本　三松堂株式会社

本書をお読みになったご意見・ご感想を下記URL、QRコードよりお寄せください。
☞ https://isbn2.sbcr.jp/03892/

落丁本、乱丁本は小社営業部にてお取り替えいたします。
定価はカバーに記載されています。
本書の内容に関するご質問等は、小社学芸書籍編集部まで書面にてお願いいたします。
 ISBN978-4-8156-0389-2